12과로 된 new 쑥쑥 1 주니어중국어

JPLUS
Language Publishing Co.

머리말

중국은 이제 더 이상 그 중요성을 강조하지 않아도 될 만큼 우리 앞에 가까이 다가와 있습니다. 1992년 8월 양국이 수교한지도 벌써 20년이 훌쩍 넘었으며 그동안의 교류 성과 역시 우리의 예상을 뛰어 넘고 있습니다. 그러나 더욱 중요한 것은 미래의 한국 발전을 위해 중국은 이제는 우리가 선택적으로 고려할 수 있는 대상이 아닌 필수적인 대상이 되었다는 데 있습니다.

중국은 지속적으로 추진한 개혁 개방의 성과를 바탕으로 명실상부한 경제 강국이 되었으며 자연스럽게 국제 정치적 지위도 상승해 이제는 미국과 어깨를 나란히 할 수 있는 세계의 중심 국가가 되었습니다. 이런 거대한 정치 경제적 실체를 이웃하고 있는 우리에게 중국은 기회이자 도전입니다.

이제 우리 앞에 놓여진 일은 이러한 중국을 어떻게 기회의 땅으로 만들 것인가 하는 데 있습니다. 그러기 위해서는 당연히 중국에 대한 기본적 이해가 선행되어야 할 것입니다. 한 국가를 이해하는 데 있어 가장 중요한 것은 우선 그들의 언어를 이해하는 것입니다. 언어에는 한 민족, 국가의 사상과 문화가 고스란히 담겨 있기 때문입니다.

언어는 해당 국가 현지에서 살지 않는 한 모국어 체계가 잡힌 후 바로 시작하는 것이 좋습니다. 이 책은 중국 이해의 첫 번째 단계로서 미래의 동량들에게 꼭 필요한 주니어 중국어 학습서입니다. 이 책을 지은 필자들은 집필 당시 한국외국어대학교 통역번역대학원 한중과 재학생들로 각자가 그동안 어린이 개인교습, 중학교 강의, 학원 강의 등을 통해 얻은 소중한 경험과 풍부한 언어적 지식을 바탕으로 저술한 것입니다. 특히 현실감 있고 생동감 있는 내용과 주제를 가지고 중국어에 대한 흥미를 유발시킬 수 있도록 기획이 되었기 때문에 중국어를 처음 접하는 학생들에게 좋은 길잡이가 될 것으로 확신합니다.

여러 사람의 정성이 깃든 이 책이 미래 중국과의 긍정적 교류에 이바지 할 수 있을 것을 믿어 의심치 않으며 중국어를 배우고자 하는 많은 어린이와 학생들에게 중국어와 친해질 수 있는 계기가 되기를 바랍니다.

한국외국어대학교 중국어통번역학과 교수 강 준 영

이 책의 구성

이 책의 대상은 주니어(초등학생이나 중학생)에 맞춰져 있지만, 중국어를 배우고자 하는 분이라면 누구나 쉽고 재미있게 배울 수 있도록 친근한 소재와 재미있고 현장감있는 삽화, 게임 등을 활용하였습니다. 이 책은 다음과 같이 구성하였습니다.

본문

학교나 일상생활에서 쉽게 접할 수 있는 여러 상황을 통하여 차근 차근 익힐 수 있도록 재미있는 삽화와 함께 구성하였습니다.

해설 / 심화

본문을 좀더 자세히 설명하고 예문을 제시하여 충분히 연습할 수 있도록 하였습니다. 반복해서 듣고 따라하다 보면 중국어가 저절로 입에서 나오는 효과를 볼 수 있습니다.

듣기

본문과 해설, 심화학습에서 배운 표현을 네이티브의 발음을 들으며 확인하는 부분입니다.

말하기

재미있는 연습문제와 활동을 통하여 자신의 것으로 소화하여 직접 말할 수 있게 하였습니다.

노래 / 챈트

신나게 박자에 맞추어 노래 또는 챈트를 따라 부르며 쉬어 가도록 하였습니다.

문화

중국은 어떤 나라인지 가까운 이웃 중국에 대해 평소에 궁금했던 중국 문화를 담았습니다.

 MP3 무료 다운로드 QR코드 수록

본문, 해설, 심화학습, 듣기, 노래/챈트, 단어가 모두 들어 있습니다.

3

차례

5

제목	해설	심화학습
❶ 你好!	· 你好! 만났을 때 보편적으로 하는 인사말 · 你叫什么名字? 이름을 묻는 표현으로 我叫阿龙。처럼 대답한다. 叫 ~라 부르다 什么 무엇, 무슨(의문사)	· 你好! 你们好!/早上好!/大家好!/老师好! 등 상대나 상황에 따라 다양하게 인사할 수 있다. · 您贵姓? 您은 你의 높임말
❷ 你是韩国人吗?	· 我是韩国人。 是 ~이다 / 不是 ~이 아니다 · 你是韩国人吗? 吗는 문장 끝에 와서 의문문을 만든다.	· 你是哪国人? 哪 어느 · 韩国人 나라이름 + 人 ~나라 사람 韩国人 한국 사람 / 中国人 중국 사람 美国人 미국 사람 / 日本人 일본 사람
❸ 你家有几口人?	· 你家有几口人? 가족이 몇 명인지 물을 때 쓰는 표현, 有는 '있다', 几는 '몇'이라는 뜻 · 我没有弟弟。 没有 없다(有를 부정할 때는 앞에 没를 붙인다.)	· 1~10까지 숫자 익히기
❹ 这是什么?	· 这是什么? 这 가까운 사물을 가리킴 / 那 멀리 있는 사물을 가리킴 · 这是我的书。 的 ~의(소유를 나타낸다.)	· 这是谁的铅笔? 谁 누구 · 사물 이름 익히기
❺ 你今年多大了?	· 你呢? 呢 ~는요? · 我也十三岁了。 也 ~도, 또한	· 你今年多大了? 나이를 묻는 표현으로 아이에게는 보통 你今年几岁了?라고 묻고, 어른에게는 您多大年纪了?라고 묻는다. · 10 이상의 숫자 세는 법
❻ 今天几月几号?	· 今天四月六号。 날짜를 읽을 때는 보통 是를 생략한다. 月 월 / 号 일 · 今天星期几? 요일을 묻는 표현으로 今天星期五。처럼 대답한다.	· 날짜와 요일 읽기 星期一 / 星期二 / 星期三 / 星期四 / 星期五 / 星期六 / 星期天 · 시간 표현 前天 그저께 / 昨天 어제 / 今天 오늘 明天 내일 / 后天 모레

제목	해설	심화학습
❼ **你去哪儿?**	• **你去哪儿?** 去 가다 • **他在哪儿?** 어디에 있는지 묻는 표현으로 他在补习班。처럼 대답한다. 在 ~에 있다 / 不在 ~에 없다	• **这儿 / 那儿 / 哪儿** 여기 / 저기 / 어디
❽ **现在几点?**	• **现在几点?** 몇 시인지 묻는 표현 • **快走吧。** 快~吧 빨리 ~하자	• **시간 읽기** 点 시 / 分 분 (2시는 二点이 아니라 两点이다.) 差 ~전 / 刻 15분 / 半 30분
❾ **喂，您好!**	• **喂, 阿龙在吗?** 전화를 걸어서 상대방이 있는지 묻는 표현으로 있을 때는 阿龙在。라고 말하고, 없을 때는 阿龙不在。라고 말한다. • **等一会儿。** 一会儿 잠시, 잠깐	• **你的电话号码是多少?** 전화번호를 물을 때 쓰는 표현 • **전화에서 자주 쓰는 표현** 전화번호에서 1은 yāo라고 읽고, 0은 líng이라고 읽는다.
❿ **多少钱?**	• **你要什么?** 要 원하다, 필요하다 • **양사** 사물에 따라 알맞은 양사를 써야 한다.	• **금액 읽기** 중국의 화폐 단위에는 块 / 毛 / 分 등이 있다. 1块 = 10毛 = 100分 • **两** 二 대신 两을 쓰는 경우를 잘 알아둔다. 两点 / 两个 / 两块 / 两天 / 两个月
⓫ **你喜欢什么?**	• **你喜欢什么?** 喜欢 좋아하다 • **你喜欢什么颜色?** 我喜欢白色。처럼 대답하고, 白色 자리에 다양한 색깔을 넣어서 연습한다.	• **색깔** 蓝色 / 红色 / 白色 / 黑色 / 粉红色 / 天蓝色 / 豆绿色 / 灰色 / 黄色 / 紫色 / 橘黄色 / 绿色 • **你喜欢做什么?** 我喜欢看电影。처럼 대답한다.
⓬ **你忙不忙?**	• **你忙不忙?** 忙+不忙의 형식으로 의문문을 만들 수 있다. • **太好了。** 太~了 너무 ~하다	• **你有没有钱?** 有没有 / 是不是 역시 긍정+부정 형식의 의문문이다. • **咱们一起去商店吧。** 咱们一起走 ~吧 우리 같이 ~하자

NEW 쑥쑥 주니어 중국어 ② 권 학습 내용

① 你会游泳吗?
- **会** ~할 줄 안다 / **不会** ~할 줄 모른다
- **一点儿也+부정** 조금도 ~하지 않다
- **会不会** 할 줄 아니?
- 운동 이름 游泳/ 篮球 / 网球 / 棒球 / 排球 / 足球 / 乒乓球 / 羽毛球 / 滑雪 / 滑冰

② 你要做什么?
- **要** ~하려고 하다
- **对不对** 맞지?
- **不想** ~하고 싶지 않다
- **以后** ~후에

③ 我想喝可乐。
- **想** ~하고 싶다 / **不想** ~하고 싶지 않다
- **的** ~의 것
- 맛에 대한 말 甜 / 辣 / 酸 / 咸 / 苦 / 油腻

④ 明天天气怎么样?
- 날씨에 관한 표현 晴天/ 阴天 / 下雪/ 下雨/ 刮风 / 有雾 / 暖和 / 热 / 凉快 / 冷
- 봄, 여름, 가을, 겨울 春天 / 夏天 / 秋天 / 冬天
- **别** ~하지 마라

⑤ 请你帮我一下儿。
- **请**을 사용한 표현
- **一下儿** 한번 ~해 보다
- **不用** ~할 필요 없다

⑥ 你想去明洞，还是去仁寺洞？
- **A还是B** A인가 아니면 B인가?
- **什么时候** 언제
- **听说** 듣자 하니
- **就这么~吧** 그렇게 ~하기로 하자

⑦ 请问，地铁站怎么走?
- **怎么走?** 어떻게 가요?
- **离** ~로부터, ~에서
- 방향을 나타내는 말 前后 / 左右 / 上下 / 里外 / 东西南北
- 길 묻고 답하는 표현

⑧ 我可以进去吗?
- **可以** ~해도 된다 / **不可以(不行)** ~하면 안 된다
- **正在~呢** 지금 ~하는 중이다
- **可不可以** ~해도 돼요?
- **进去 / 进来** 들어가다 / 들어오다

⑨ 你弟弟比你高。
- **A比B+형용사** A가 B보다 ~하다
- **A比B+형용사+수량** A가 B보다 (수량)만큼 ~ 하다
- **我没有他高。** 나는 그보다 크지 않다.
- **没错儿** 맞다

⑩ 你明天能不能来我家?
- **能** ~할 수 있다 / **不能** ~할 수 없다
- **从A到B** A에서 B까지
- **为什么** ? 왜?
- **可是** 그러나, 그렇지만

⑪ 你有空儿的时候干什么?
- **有的时候~, 有的时候~** 어떤 때는~, 어떤 때는~
- **为了** ~를 위하여
- **只有~, 才~** ~해야만 비로소 ~이다
- **让** ~에게 ~을 시키다, ~하도록 하다

⑫ 我看了很多动物。
- **给** ~에게
- **看看** 한번 ~보다
- **了(완료)의 부정** 동사 앞에 没(有)를 붙이고, 이때 了는 뺀다.
- **동사+了+(목적어)+没有?** 했니?

NEW 쑥쑥 주니어 중국어 ③권 학습 내용

① **你想给她什么礼物?**

- **给** ～에게 ～을 주다 送给 / 借给 / 寄给
- **去+동사** ～하러 가다
- 헤어질 때 인사말

② **我来晚了。**

- **来晚** 晚은 来 뒤에서 동작의 결과를 보충해 준다(결과보어)
    说好 / 做好 / 吃好 / 学好 / 看到 / 听到 / 收到 / 找到
- **才** 이제서야, 비로소
- **快～了** 곧 ～ 하다

③ **祝你生日快乐!**

- **不A不B** A도 B도 아니고 적당하다
- **有点儿** 조금, 약간
- 반대되는 말
- 축복하는 말 祝你～

④ **你吃过中国饺子吗?**

- **동사+过** ～한 적이 있다(과거의 경험)
- **没+동사+过** ～한 적이 없다
- **如果～, 就～** 만약 ～라면, ～이다
- **差不多** 비슷하다, 별 차이 없다
- **A根B一样** A와 B가 같다

⑤ **谁跑得快?**

- **觉得** ～라고 여기다, 느끼다
- **跑得快** 빨리 달린다(정도보어)
- **他回答得对不对? / 他回答得不对。**
- **～得很** ～한 정도가 심하나

⑥ **好是好, 可是太贵了。**

- **A是A, 可是～** A하긴 한데, ～하다
- **又A又B** A하기도 하고 B하기도 하다
- **怎么卖?** 어떻게 팔아요?
- **打八折** 20% 할인
- 물건 살 때 자주 쓰는 표현

⑦ **风景怎么这么美!**

- **一A就B** A하자마자 곧 B하다
- **除了A以外, 还/也～** A이외에 더 ～하다
- 성어 名不虚传 / 对牛弹琴 / 如鱼得水 / 与众不同
- **从来** 지금까지
- **怎么这么** 어쩜 이렇게

⑧ **看不见黑板上的字。**

- **看得见** 볼 수 있다 / **看不见** 볼 수 없다(가능 보어)
- **동사+得了/不了**
- **越～ 越～** ～하면 할수록 ～하다
- 정도보어와 가능보어 비교

⑨ **你哪儿不舒服?**

- **好像** 마치 ～같다
- 증상 头疼 / 肚子疼 / 冒冷汗 / 发烧 / 咳嗽 / 嗓子疼
- 처방 打针 / 吃药 / 打点滴 / 量体温 / 看病 / 住院
- **才와 就** 비교

⑩ **你以后想当什么?**

- **A或者B** A나 B 둘 중의 하나
- **不管～都/也** ～에 상관없이, 관계없이
- 여러 가지 직업 律师 / 空中小姐 / 总统 / 医生 / 警察 /
    公司职员 / 画家 / 服装设计师 / 演员
- **着** ～하고 있다(지속)

⑪ **明天你打算做什么?**

- **打算** ～할 계획이다
- **又** 또, 다시
- **每次** 매번 ～때마다
- **只是～而已** 단지 ～일 뿐이다

⑫ **不是吃月饼, 而是吃饺子。**

- **不但～, 而且～** ～일 뿐만 아니라 ～도
- **不是～, 而是～** ～이 아니고 ～이다
- **东西** 각종 물건, 음식을 가리키는 말
- 새해에 할 수 있는 말

이름: 미나
나이: 13살
국적: 한국
성별: 여자
취미: 친구 사귀기
특징: 밝은 성격으로 누구와도 쉽게 친해지는 명랑한 성격을 지녔어요. 중국어를 좋아하고 중국 문화에 관심이 많은 소녀예요.

이름: 아롱
나이: 13살
국적: 중국
성별: 남자
취미: 음악 감상
특징: 운동을 좋아하고 남을 돕는 것을 좋아해서 친구들에게 인기가 많으며 특히 미나에게 많은 도움을 주는 친구예요.

이름: 민주
나이: 13살
국적: 한국
성별: 여자
취미: 독서
특징: 미나의 가장 친한 친구로 상냥하고 친절한 성격을 가졌으며 책 읽는 것을 좋아해서 아는 것이 많아 친구들 사이에서 백과사전으로 통해요.

중국어란?

중국어 중국말로는?

중국은 56개의 민족으로 이루어진 다민족 국가입니다. 그중 인구의 94%를 차지하고 있는 민족이 한족(汉族 Hànzú)이고 나머지 55개는 소수민족입니다. 그래서 인구의 대다수를 차지하는 한족이 쓰는 언어가 표준어가 되었고, '한족이 사용하는 언어' 즉 '한어(汉语 Hànyǔ)'라고 부르게 되었습니다. 외국인들은 中国话 (Zhōngguóhuà)라고 부르기도 합니다.

중국어의 글자 – 한자

한글은 소리 글자라서 '나무'라는 글자를 보면 바로 '나무'라고 읽을 수 있지만 한자는 뜻 글자라서 '木'이라는 글자를 보면 바로 읽을 수는 없지만 '나무'라는 뜻을 알 수 있습니다. 우리가 쓰고 있는 한자와 중국에서 쓰고 있는 한자는 그 모양이 다른데 중국에서는 복잡한 획을 간단하고 쓰기 편하게 만든 간체자(简体字 jiǎntǐzì)를 사용하고 있기 때문입니다. 그러나 대만, 홍콩 등에서는 여전히 (繁体字 fántǐzì)를 사용하고 있습니다. 간체자는 번체자를 간단하게 만든 것입니다.

발음과 성조

우리가 배우는 중국어의 발음은 〈한어병음〉으로 표기합니다. 로마자로 발음을 표기한 것이라고 할 수 있습니다. 그리고 중국어에는 모든 글자에 각각의 고유한 높낮이가 있는데 이것을 성조라고 합니다. 모두 4개의 성조가 있습니다.

중국어 맞아요?

중국 각 지방마다 사투리, 곧 방언(方言 fāngyán)이 있습니다. 중국은 방언이 매우 심해서 서로 다른 지역 사람끼리 전혀 의사소통이 안 되기도 합니다.

그래서 성부에서는 중국인들이 서로 의사소통을 원활하게 할 수 있도록 본인들이 원래 쓰는 방언 이외에도 표준어인 보통화(普通话 pǔtōnghuà)를 배우도록 하고 있습니다. 우리가 지금 배우는 중국어가 바로 그 보통화입니다.

중국어의 어순

한국어와 중국어의 가장 큰 차이 중의 하나는 바로 어순입니다. 중국어의 기본 어순은 우리말과 달리 '주어+ 술어+ 목적어'로 되어 있습니다.

01

성조란?

성조

성조는 음절의 높낮이를 표시한 것으로 네 가지가 있으며, 같은 발음이라도 성조에 따라 뜻이 달라집니다.

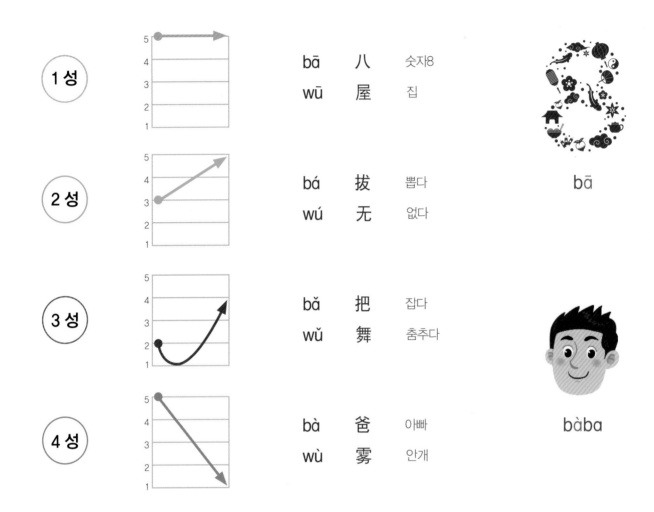

bā	八	숫자8
wū	屋	집

bā

bá	拔	뽑다
wú	无	없다

bǎ	把	잡다
wǔ	舞	춤추다

bà	爸	아빠
wù	雾	안개

bàba

경성

하나의 음절이 그 본래의 성조를 잃고 가볍고 짧게 발음되는 것을 말하며 아무런 부호도 표시하지 않습니다.

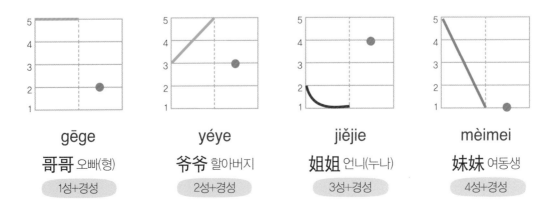

gēge	yéye	jiějie	mèimei
哥哥 오빠(형)	爷爷 할아버지	姐姐 언니(누나)	妹妹 여동생
1성+경성	2성+경성	3성+경성	4성+경성

성조 부호 붙이는 법

성조 부호는 다음과 같이 표시하고, 반드시 운모 위에 표시해야 합니다.

1성 — 2성 ／ 3성 ∨ 4성 ＼

a가 있으면 **a**에 표시 - bāo, nián

a가 없으면 **o**나 **e**에 표시 - xiě, guō

i와 **u**가 같이 나오면 뒤에 오는 운모에 표시 - liú, shuì

i 위에 성조부호를 표시할 때는 **i** 위의 점 생략 - qǐ

a > o, e > i, u, ü

주의해야 할 성조

🞄 '一'와 '不'는 1,2,3성 앞에서 4성으로 변하고, 4성 앞에서는 2성으로 변합니다.

一			
'一' + 1성	一天	yì tiān
'一' + 2성	一年	yì nián
'一' + 3성	一起	yìqǐ
'一' + 4성	一件	yí jiàn

不			
'不' + 1성	不喝	bù hē
'不' + 2성	不来	bù lái
'不' + 3성	不好	bù hǎo
'不' + 4성	不累	bú lèi

🞄 3성과 3성이 만나면 앞의 3성은 2성으로 발음합니다. 그러나 표기는 원래대로 합니다.

	표기		발음
你好	nǐ hǎo	➡	nǐ hǎo
	3성 3성		2성 3성

🞄 3성은 1, 2, 4성 앞에서 모두 반3성으로 발음합니다.

3성 + 1성	老师	lǎshī
3성 + 2성	网球	wǎngqiú
3성 + 4성	可乐	kělè

02

bo po mo fo

아랫입술과 윗입술을 붙였다 떼며 발음합니다.
fo는 영어의 'f'처럼 윗니를 아랫입술에 얹고 공기를 내뱉으며 발음합니다.

bōluó
菠萝 파인애플

píngguǒ
苹果 사과

máoyī
毛衣 스웨터

fēijī
飞机 비행기

de te ne le

혀끝을 윗잇몸 뒤쪽에 붙였다 떼면서 발음합니다.

dōngtiān
冬天 겨울

tùzi
兔子 토끼

niúnǎi
牛奶 우유

lóng
龙 용

ge ke he

혀뿌리(안쪽 부분)에 힘을 주어 목구멍을 막았다가 트면서 발음합니다.

gǎnmào
感冒 감기

kāfēi
咖啡 커피

hóuzi
猴子 원숭이

ji qi xi

혀를 평평하게 하고 입을 옆으로 벌려서 발음합니다.

jīdàn
鸡蛋 달걀

qiǎokèlì
巧克力 초콜릿

xiāngshuǐ
香水 향수

zhi chi shi ri

혀끝을 말아 입천장에 닿을 듯 말 듯 하게 하고, 그 사이로 공기를 내보내며 발음합니다.

zhū
猪 돼지

chūntiān
春天 봄

shǒutào
手套 장갑

rè
热 덥다

zi ci si

혀끝을 윗니 뒤쪽에 붙였다 떼면서 발음합니다.

zázhì
杂志 잡지

cǎoméi
草莓 딸기

sānmíngzhì
三明治 샌드위치

a				
입을 크게 벌리고 '아'하고 발음합니다.	**ai**	hǎi	海	바다
	ao	māo	猫	고양이
	an	yǔsǎn	雨伞	우산
	ang	tǎng	躺	눕다

māo

o				
입을 둥글게 하고 '오(어)'하고 발음합니다.	**ou**	kǒuhóng	口红	립스틱
	ong	kǒngquè	孔雀	공작

kǒuhóng

e				
입을 약간 벌리고 혀를 뒤로 하여 '으어'하고 발음합니다. ei는 우리말의 '에이'처럼 발음하면 됩니다.	**ei**	méigui	玫瑰	장미
	en	mén	门	문
	eng	fēng	风	바람

méigui

i				
입을 좌우로 당기고 길게 '이'하고 발음합니다. iu은 우리말의 '이요우'처럼 발음하고, ian은 우리말의 '이엔'처럼 발음합니다.	**ia**	jiā	家	집
	iao	piàoliang	漂亮	예쁘다
	ie	jiějie	姐姐	언니(누나)
	iu	niú	牛	소
	ian	diànnǎo	电脑	컴퓨터
	in	jīn	金	금

diànnǎo

iang	yuèliang	月亮	달
ing	píng	瓶	병
iong	xióng	熊	곰

xióng

ua	huā	花	꽃
uo	duō	多	많다
uai	kuài	快	빠르다
ui	shuìjiào	睡觉	자다
uan	luàn	乱	어지럽다
un	jiéhūn	结婚	결혼하다
uang	huángsè	黄色	노란색
ueng	wèng	瓮	항아리

u

입술을 둥글게 오므리면서 앞으로 내밀며 '우'라고 발음합니다. ui는 우리말의 '우웨이'처럼 발음하고, un은 우리말의 '우원'처럼 발음합니다.

duō

luàn

ü

'우'와 같은 입모양으로 '이'라고 발음하되 입술 모양을 움직여서는 안 됩니다. uan는 우리말의 '위엔'처럼 발음하면 됩니다.

üe	xuéxí	学习	공부하다
ün	qúnzi	裙子	치마
üan	yīyuàn	医院	병원

xuéxí

er

혀 끝을 말아 '얼'이라고 발음하되 혀끝이 입천장에 닿지 않도록 해야 합니다.

er	ěrduo	耳朵	귀

ěrduo

你好！

Měinà	Nǐ hǎo!
Ālóng	Nǐ hǎo!
Měinà	Nǐ jiào shénme míngzi?
Ālóng	Wǒ jiào Ālóng.

生词

你 nǐ 너, 당신
好 hǎo 좋다
叫 jiào ~라고 부르다
什么 shénme 무엇, 무슨
名字 míngzi 이름
我 wǒ 나

1 Nǐ hǎo!

'안녕, 안녕하세요'라는 뜻으로 시간이나 장소에 상관없이 쓸 수 있습니다. 「Nǐ hǎo!」로 인사하면 역시 「Nǐ hǎo!」라고 인사하면 되고, 친구끼리는 짧게 「Hǎo!」라고도 합니다.

2 Nǐ jiào shénme míngzi?

'네 이름은 무엇이니?'라는 말로 친구의 이름을 물을 때 쓰는 말입니다.

Ⓐ Nǐ jiào shénme míngzi?　　　네 이름은 무엇이니?

Ⓑ Wǒ jiào Ālóng.　　　아롱이라고 해.

「Ālóng」 대신 아래 이름을 넣어 연습해 보세요.

Měinà
미나

Zhéxiù
철수

Mínzhū
민주

1 인사

Nín hǎo!
안녕하세요!

Nǐmen hǎo!
얘들아 안녕!

Zǎoshang hǎo!
좋은 아침입니다!

Dàjiā hǎo!
여러분 안녕하세요!

Lǎoshī hǎo!
선생님 안녕하세요!

2 Nín guì xìng?

어른에게는 '성함이 어떻게 되세요?'라는 뜻으로 「Nín guì xìng?」이라고 묻습니다. 「Nín」은 「Nǐ」의 높임말입니다.

Ⓐ **Nín guì xìng?**　　　　　　　　성함이 어떻게 되세요?

Ⓑ **Wǒ xìng Jīn, míngzi jiào Zhēntài.**　　저는 성은 김이고, 이름은 진태라고 합니다.

生词

您 nín 당신	大家 dàjiā 모두, 여러분	姓 xìng 성
你们 nǐmen 너희	老师 lǎoshī 선생님	
早上 zǎoshang 아침	贵 guì 존경을 나타내는 말	

  07

1 잘 듣고 성조를 표시하세요.

Ⓐ Nǐ hǎo!

Ⓑ Nín hǎo!

2 잘 듣고 병음을 쓰고 성조를 표시하세요.

❶ [   ]!

[   ] Měinà!

❷ [   ]!

[   ] Mínzhū!

❸ [   ]!

[   ] Zhéxiù!

说话 말하기

🌸 이름을 묻고 대답하는 두 가지 방법을 연습하고 친구와 선생님의 이름을 알아 봅니다.

1 아래의 그림처럼 친구의 이름을 묻고 적어 보세요.

Ⓐ Nǐ jiào shénme míngzi?

Ⓑ Wǒ jiào Zhìyīng.

1	2	3

2 아래의 그림처럼 선생님과 친구의 이름을 묻고 적어 보세요.

Ⓐ Nín guì xìng?

Ⓑ Wǒ xìng Jīn, míngzi jiào Zhēntài.

1	2	3

Nǐ hǎo!

Nǐ hǎo! Nǐ hǎo! Nǐ jiào shénme míngzi?

Nǐ hǎo! Nǐ hǎo! Wǒ jiào Ālóng .

Nǐ hǎo! Nǐ hǎo! Nǐ jiào shénme míngzi?

Nǐ hǎo! Nǐ hǎo! Wǒ jiào Měinà .

안녕! 안녕! 넌 이름이 뭐야?

안녕! 안녕! 나는 아롱이라고 해.

안녕! 안녕! 넌 이름이 뭐야?

안녕! 안녕! 나는 미나라고 해.

✽ 친구와 함께 자기 이름으로 바꾸어 불러 보세요.

노래 같아요!

중국 사람들이 이야기 하는 것을 들어 보세요. 음이 있어서 노래를 하는 것 같기도 하고 목소리가 커서 싸우는 것 같기도 해요. 중국어는 모든 글자에 높낮이가 있어서 말을 하면 올라갔다가 내려갔다가 하는 것을 알 수 있어요.

이것이 바로 중국어의 '성조'라고 하는 것이에요. 중국어의 성조는 4개가 있어요. 가장 높은 음(솔)에서 조금 길게 발음하는 것이 1성이에요. 중간 음(미)에서 가장 높은 음(솔)까지 올리며 발음하는 것이 2성이에요. 낮은 음(레)에서 가장 낮은 음(도)까지 내려 갔다가 다시 높은 음(파)까지 올리며 발음하는 것은 3성이에요. 그리고 가장 높은 음(솔)에서 가장 낮은 음(도)까지 내리며 발음하는 것이 4성이에요. 발음이 같아도 성조가 다르면 뜻이 달라지기 때문에 큰 소리로 정확하게 발음해야 한답니다.

 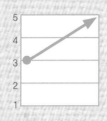  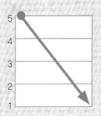

你是韩国人吗?

Měinà	Nǐ shì Hánguórén ma?
Ālóng	Wǒ bú shì Hánguórén.
Měinà	Nǐ shì nǎ guó rén?
Ālóng	Wǒ shì Zhōngguórén.

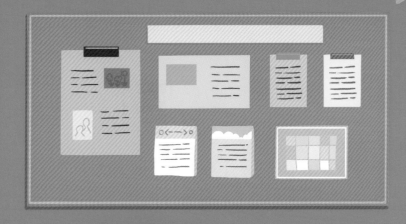

生词

是 shì ~이다
韩国人 Hánguórén 한국인
吗 ma ~입니까?
不 bù 아니다(부정을 나타냄)
哪 nǎ 어느
中国人 Zhōngguórén 중국인

  🎧 10

1 shì

「shì」는 '~이다, 입니다'라는 뜻입니다. 「shì」의 부정은 「bú shì」로 '~이 아니다, 아닙니다' 라는 뜻입니다.

Wǒ shì Hánguórén.   저는 한국인입니다.

Wǒ bú shì Hánguórén.   저는 한국인이 아닙니다.

Zhōngguórén
중국인

Měiguórén
미국인

Rìběnrén
일본인

2 ma?

「ma」는 의문문을 만들어 주며, '~이니, ~입니까?'라는 뜻입니다.

Nǐ shì Hánguórén **ma?**   한국인이에요?

Zhōngguórén
중국인

xuéshēng
학생

yīshēng
의사

生词

美国人 Měiguórén 미국인	学生 xuéshēng 학생
日本人 Rìběnrén 일본인	医生 yīshēng 의사

  🎧 11

2

1 nǎ

「nǎ」는 '어느'라는 뜻의 의문대명사이기 때문에 「nǎ」로 물을 때는 문장 끝에 「ma」를 붙이지 않습니다.

Ⓐ Tā shì nǎ guó rén?　　　그/그녀는 어느 나라 사람입니까?

Ⓑ Tā shì Měiguórén.　　　그/그녀는 미국인입니다.

Ⓐ Nǐ shì nǎ guó rén?　　　당신은 어느 나라 사람입니까?

Ⓑ Wǒ shì Hánguórén.　　　저는 한국인입니다.

2 여러 나라 이름

Yìndù 印度 인도

Yìdàlì 意大利 이탈리아

Éluósī 俄罗斯 러시아

Fǎguó 法国 프랑스

Déguó 德国 독일

Bāxī 巴西 브라질

Jiānádà 加拿大 캐나다

Mòxīgē 墨西哥 멕시코

✳ 나라 이름 뒤에 「人(rén)」을 붙이면 '~나라 사람'이 됩니다.

 生词

他 tā 그, 그 남자
她 tā 그녀, 그 여자

1 잘 듣고 병음을 쓰고 성조를 표시하세요.

❶

❷

2 잘 듣고 옆의 글자를 참고하여 빈칸을 채우세요.

nǐ	hǎo
shī	ma
guó	zì
bú	shì
rén	nǎ
jiào	zhōng

Ⓐ ⬚ ⬚ !

Ⓑ ⬚ ⬚ !

Ⓐ Nǐ ⬚ lǎoshī ⬚ ?

Ⓑ Wǒ ⬚ ⬚ lǎoshī.

Wǒ ⬚ xuéshēng.

Ⓐ Nǐ ⬚ ⬚ ⬚ ⬚ ?

Ⓑ Wǒ ⬚ Hánguórén.

说话 말하기

나라 이름을 익히고 「Nǐ shì nǎ guó rén?」,「Wǒ shì/bú shì ~ rén.」을 충분히 연습합니다.

1 다음 그림을 보고 대화를 완성하세요.

❶ Ⓐ Tā shì nǎ guó rén?

Ⓑ Tā shì [   ] .

❷ Ⓐ Tā shì Fǎguórén ma?

Ⓑ Tā bú shì [   ] ,

shì [   ] .

❸ Ⓐ Tā [   ] ?

Ⓑ Tā [   ] .

2 명찰을 만들어서 나라 이름을 쓰고, 잘 보이는 곳에 답니다. 서로 어느 나라 사람인지 묻고 대답해 보세요. 부록 ✂

✳ 만드는 방법

준비물: 가위, 색연필

1. 29페이지에서 배운 여러 나라 가운데 하나의 나라를 골라 나라 이름을 씁니다.

2. 잘 보이는 곳에 붙이세요.

3. 친구와 어느 나라 사람인지 묻고 답해 보세요.

예시) 나 🇮🇳 친구 ▨

Ⓐ Nǐ shì nǎ guó rén?

Ⓑ Wǒ shì Yìdàlìrén.

Nǐ shì nǎ guó rén?

Ⓐ Wǒ shì Yìndùrén.

 13

Nǎ guó rén?

Nǎ guó rén? Nǎ guó rén? Nǐ shì nǎ guó rén?

Hánguórén. Hánguórén. Wǒ shì Hánguórén.

Nǎ guó rén? Nǎ guó rén? Nǐ shì nǎ guó rén?

Zhōngguórén. Zhōngguórén. Wǒ shì Zhōngguórén.

Nǎ guó rén? Nǎ guó rén? Tā shì nǎ guó rén?

Fǎguórén. Fǎguórén. Tā shì Fǎguórén.

어느 나라 사람이야? 어느 나라 사람이야? 너는 어느 나라 사람이야?

한국 사람이야. 한국 사람이야. 나는 한국 사람이야.

어느 나라 사람이야? 어느 나라 사람이야? 너는 어느 나라 사람이야?

중국 사람이야. 중국 사람이야. 나는 중국 사람이야.

어느 나라 사람이야? 어느 나라 사람이야? 그는 어느 나라 사람이야?

프랑스 사람이야. 프랑스 사람이야. 그는 프랑스 사람이야.

✳ 나라 이름을 다양하게 바꾸어 불러 보세요.
(예: 日本人, 美国人)
　　Rìběnrén　Měiguórén

지도 라벨:
- 헤이룽장 성
- 지린 성
- 라오닝 성
- 닝샤후이 족 자치구
- 신장웨이우얼 자치구
- 네이멍구 자치구
- 허베이 성
- 칭하이 성
- 산시 성
- 산둥 성
- 간쑤 성
- 산시 성
- 허난 성
- 장쑤 성
- 시짱 자치구
- 안후이 성
- 쓰촨 성
- 후베이 성
- 저장 성
- 구이저우 성
- 후난 성
- 장시 성
- 푸젠 성
- 윈난 성
- 광시 좡 족 자치구
- 광둥 성
- 타이완 (성)
- 하이난 성

✱ 행정 구역: 22개 성(타이완 제외), 4개 직할시(베이징, 톈진, 상하이, 충칭), 5개 자치구, 2개 특별 자치구 (홍콩, 마카오)

중국은 오래전부터 우리와 가까운 이웃 나라예요. 땅이 매우 크고, 땅이 큰 만큼 인구도 13억 명을 훌쩍 뛰어 넘는대요. 중국은 한족과 55개의 소수민족으로 이루어져 있어요. 우리나라의 공식 국명이 대한민국인 것처럼 중국의 공식 국명은 중화인민공화국(中华人民共和国 Zhōnghuá Rénmín Gònghéguó)이고, 수도는 베이징(北京 Běijīng)이에요. 중국어는 한족의 언어라는 뜻으로 한어(汉语 Hànyǔ)라고 하는데 표준어를 가리킬 때는 보통화(普通话 pǔtōnghuà)라고 해요. 중국의 문자는 간체자라고 하는데 한자의 모양을 알기 쉽게 간략하게 고친 한자를 말한답니다.

	번체자	간체자
뜻 : 나라		

你家有几口人?

Ālóng	Nǐ jiā yǒu jǐ kǒu rén?
Měinà	Wǒ jiā yǒu sì kǒu rén.
	Bàba māma dìdi hé wǒ.
Ālóng	Nǐ méiyǒu mèimei ma?
Měinà	Méiyǒu.

生词

家 jiā 집	爸爸 bàba 아버지
有 yǒu 있다	妈妈 māma 어머니
几 jǐ 몇	弟弟 dìdi 남동생
口 kǒu 식구(가족을 세는 양사)	和 hé ~와/과
人 rén 사람	妹妹 mèimei 여동생
四 sì 넷(4)	没有 méiyǒu 없다

  15

1 yǒu

「yǒu」는 '있다, 있습니다'라는 뜻입니다.

Wǒ jiā yǒu sì kǒu rén.　　　우리집에는 네 명의 식구가 있습니다.

xiǎogǒu
강아지

diànshì
텔레비전

diànnǎo
컴퓨터

「yǒu」앞에 「méi」를 붙이면 '없다, 없습니다'라는 뜻이 됩니다.

Wǒ méiyǒu dìdi.　　　남동생이 없습니다.

mèimei
여동생

gēge
오빠(형)

jiějie
언니(누나)

2 jǐ

「jǐ」는 10 이하의 숫자를 물어 볼 때 씁니다. 「jǐ」는 '몇 '이라는 의문대명사이기 때문에 의문문을 만들 때 「ma」를 쓰지 않아도 됩니다.

Ⓐ **Jǐ kǒu rén?**　　　(식구가)몇 명이야?

Ⓑ **Sān kǒu rén.**　　　세 명이야.

生词

电视 diànshì TV　　　哥哥 gēge 오빠(형)

电脑 diànnǎo 컴퓨터　　　姐姐 jiějie 언니(누나)

1~10까지의 숫자를 익혀 봅시다.

  🎧 16

3

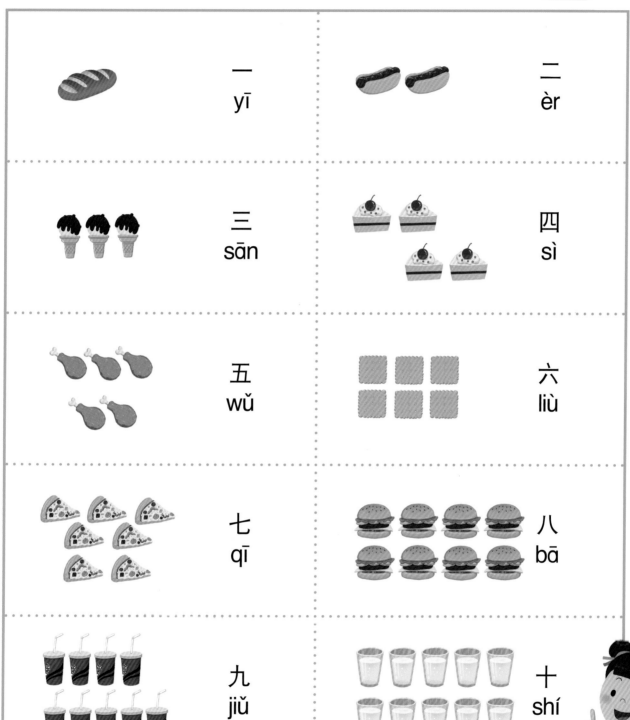

🍞	一 yī	🌭🌭	二 èr
🍦🍦🍦	三 sān	🍰🍰🍰🍰	四 sì
🍗🍗🍗🍗🍗	五 wǔ	▦	六 liù
🍕×7	七 qī	🍔×8	八 bā
🥤×9	九 jiǔ	🥛×10	十 shí

✱1에서 10까지 읽고, 반대로 10에서 1까지 읽어 보세요.

1 잘 듣고 그림의 내용과 일치하면 ○표, 그렇지 않으면 X표 하세요.

wǒ

① ☐
② ☐
③ ☐
④ ☐
⑤ ☐

2 잘 듣고 알맞은 숫자를 병음으로 쓰세요.

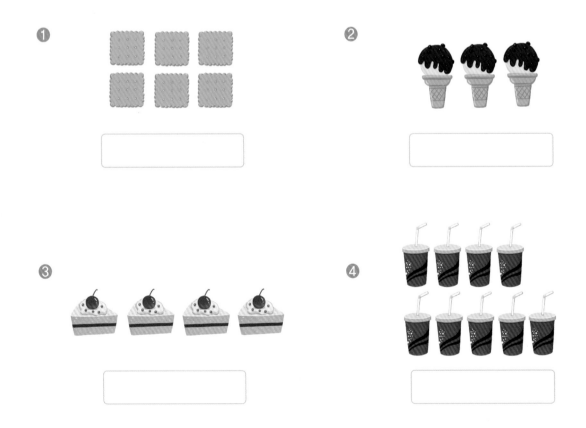

①

②

③

④

说话 말하기

✿ 「yǒu / méiyǒu」의 문장을 연습하고, 가족이 몇 명인지 또 누가 있는지 소개해 보세요.

1 다음은 민주네 가족 사진입니다. 사진을 보면서 짝과 함께 대화를 완성해 보세요.

Ⓐ Mínzhū jiā yǒu jǐ kǒu rén?

Ⓑ Tā jiā yǒu ⬚ .

Ⓐ Tā yǒu mèimei ma?

Ⓑ Tā ⬚ .

Ⓐ Tā yǒu xiǎogǒu ma?

Ⓑ Tā ⬚ ,

yǒu ⬚ .

✳ xiǎomāo(小猫) 고양이

2 손가락 인형을 만들어서 친구들에게 자신의 가족을 소개해 보세요. 부록 ✂

풀칠

✳ '저는 언니가 두 명 있어요.' 는 「Wǒ yǒu liǎng ge jiějie.」라고 합니다. (숫자 + ge + 언니/누나, 오빠/형, 동생)

✳ 만드는 방법
준비물: 가위, 풀
자기 가족에 해당하는 식구를 골라 명칭(할아버지, 아빠, 언니)을 병음으로 쓰고 예쁘게 오린 후에 손가락에 끼우고 가족 소개를 합니다.

 18

Sān zhī xióng

Wǒ méiyǒu yéye, yě méiyǒu nǎinai.

Wǒ jiā yǒu sān zhī xióng.

Xióng bàba ài māma, xióng māma ài wǒ.

Wǒ ài bàba hé māma.

Wǒmen sān ge hǎo xìngfú.

나는 할아버지가 안 계시고, 할머니도 안 계셔.

우리 집은 세 식구야.

아빠 곰은 엄마를 사랑해. 엄마 곰은 나를 사랑해.

나는 아빠, 엄마를 사랑해.

우리 세 식구는 아주 행복해.

✳ 곰 세마리 노래에 맞추어
　불러 보세요.

4·2·1 가정

중국에는 오랫 동안 '소황제'라는 말이 유행했어요. '소황제'란 중국에서 1자녀 정책을 시작한 이후 대부분의 가정에서는 자녀를 한 명밖에 낳을 수 없었기 때문에 하나뿐인 자녀를 위해 최대한의 지원을 아끼지 않고 아이가 원하는 것을 쉽게 얻을 수 있어서 어려서부터 버릇이 나쁘고 이기적인 아이로 자라는 것을 말했어요. 중국에서는 약 30년 간 1가구 1자녀 정책을 실시하였고 한 집에서 아이 하나를 낳으면 그 아이(1)와 그 아이의 부모(2), 부모의 부모들(4)로 한 가정이 구성되어 4·2·1 가정이 만들어 지는 것이에요. 4·2·1 가정에서 소황제의 혜택을 받으며 경제적으로 부유하게 자란 빠링호우(80后, 1980~1989년 출생)와 지우링호우(90后, 1990~1999년 출생) 세대가 부모가 되는 최근에는 두 자녀를 낳을 수 있게 되었어요. 중국에서는 맞벌이 하는 부모를 대신해서 조부모가 손자, 손녀를 돌보는 가정이 많다고 해요.

这是什么?

阿龙　这是什么?
Ālóng　Zhè shì shénme?

美娜　这是泡菜。
Měinà　Zhè shì pàocài.

阿龙　那是谁的巧克力?
Ālóng　Nà shì shéi de qiǎokèlì?

美娜　那是我的巧克力。
Měinà　Nà shì wǒ de qiǎokèlì.

4

生词

这 zhè 이것
泡菜 pàocài 김치
那 nà 저것
谁 shéi 누구
的 de ~의
巧克力 qiǎokèlì 초콜릿

这是什么？ 43

1 这 / 那 zhè / nà

「这」는 '이, 이것'으로 자신에게서 가까운 것을 가리킬 때 쓰고, 「那」는 '저, 저것'이라는 뜻으로 먼 것을 가리킬 때 씁니다.

这是什么?
Zhè shì shénme?

이것은 무엇입니까?

这是冰淇淋。
Zhè shì bīngqílín.

이것은 아이스크림입니다.

冰淇淋
bīngqílín

那是什么?
Nà shì shénme?

저것은 무엇입니까?

那是草莓。
Nà shì cǎoméi.

저것은 딸기입니다.

草莓
cǎoméi

苹果
píngguǒ

2 的 de

「的」는 '~의'라는 뜻으로 소유를 나타냅니다.

这是我的书。　이것은 저의 책입니다.
Zhè shì wǒ de shū.

美娜的钥匙
Měinà de yàoshi

阿龙的圆珠笔
Ālóng de yuánzhūbǐ

生词

冰淇淋 bīngqílín 아이스크림
草莓 cǎoméi 딸기

苹果 píngguǒ 사과
钥匙 yàoshi 열쇠

圆珠笔 yuánzhūbǐ 볼펜

1 这是谁的铅笔？ Zhè shì shéi de qiānbǐ?

Ⓐ 这是谁的铅笔？
Zhè shì shéi de qiānbǐ?

이것은 누구의 연필입니까?

Ⓑ 这是 我 的铅笔。
Zhè shì wǒ de qiānbǐ.

妹妹
mèimei

이것은 나의 연필입니다.

여동생의

Ⓐ 那是谁的书？
Nà shì shéi de shū?

저것은 누구의 책입니까?

Ⓑ 那是 美娜 的书。
Nà shì Měinà de shū.

老师
lǎoshī

저것은 미나의 책입니다.

선생님의

2 사물 이름 익히기

那是什么？

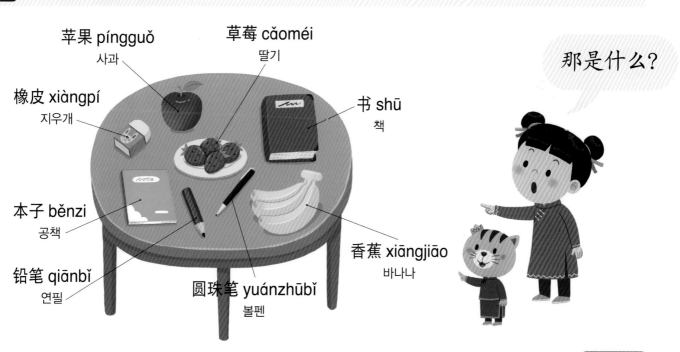

苹果 píngguǒ
사과

草莓 cǎoméi
딸기

橡皮 xiàngpí
지우개

书 shū
책

本子 běnzi
공책

香蕉 xiāngjiāo
바나나

铅笔 qiānbǐ
연필

圆珠笔 yuánzhūbǐ
볼펜

잘 듣고 각각의 물건이 누구의 것인지 알맞게 연결하세요.

①

我
wǒ

②

爸爸
bàba

③

妈妈
māma

④

恩善
Ēnshàn

⑤

哥哥
gēge

⑥

珉珠
Mínzhū

说话 말하기

빙고 게임을 하면서 이 과에 나왔던 단어들을 복습하고, 단어를 듣고 바로 찾아낼 수 있는 듣기 실력을 키우도록 합니다.

빙고 게임

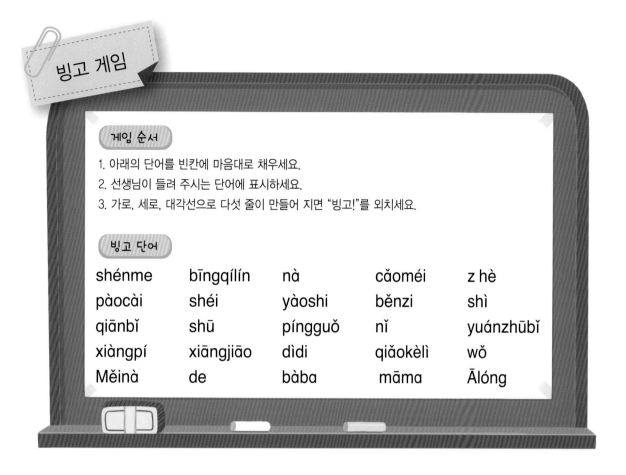

게임 순서

1. 아래의 단어를 빈칸에 마음대로 채우세요.
2. 선생님이 들려 주시는 단어에 표시하세요.
3. 가로, 세로, 대각선으로 다섯 줄이 만들어 지면 "빙고!"를 외치세요.

빙고 단어

shénme	bīngqílín	nà	cǎoméi	z hè
pàocài	shéi	yàoshi	běnzi	shì
qiānbǐ	shū	píngguǒ	nǐ	yuánzhūbǐ
xiàngpí	xiāngjiāo	dìdi	qiǎokèlì	wǒ
Měinà	de	bàba	māma	Ālóng

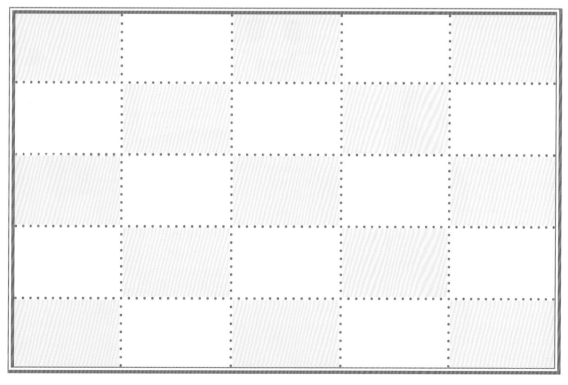

🎧 23

Zhè shì shénme?

Zhè shì shénme? Zhè shì shénme?

Zhè shì běnzi, zhè shì běnzi, běn - zi, běnzi.

Nà shì shénme? Nà shì shénme?

Nà shì qiānbǐ, nà shì qiānbǐ, qiān - bǐ, qiānbǐ.

이건 뭐야? 이건 뭐야?

이건 공책 이건 공책 공책 공책

저건 뭐야? 저건 뭐야?

저건 연필 저건 연필 연필 연필

✱ 3과에서 배운 단어로 바꾸어 불러 보세요.

중국에는 숟가락이 없나요?

숟가락(勺子 sháozi)이 없다?

중국에도 숟가락이 있어요. 숟가락은 주로 음식을 덜거나 탕을 떠먹을 때 사용하고, 그 외에는 젓가락을 사용하여 식사를 해요. 중국인들이 식사를 할 때 밥그릇을 들고 먹는 것을 볼 수 있는 것도 젓가락을 사용해서 밥을 먹기 때문이에요.

젓가락(筷子 kuàizi)이 가벼워요!

우리나라는 대부분 쇠로 만들어진 젓가락을 사용하지만 중국에선 나무로 만들어진 젓가락을 사용해요. 그래서 우리나라의 쇠젓가락에 비해 가볍고 길이가 긴 편이에요.

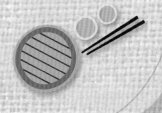

你今年多大了?

阿龙　　　你今年多大了?
Ālóng　　Nǐ jīnnián duō dà le?

美娜　　　我今年十三岁了，你呢?
Měinà　　Wǒ jīnnián shísān suì le,　nǐ ne?

阿龙　　　我也十三岁了。
Ālóng　　Wǒ yě shísān suì le.

美娜　　　那我们是同岁。
Měinà　　Nà wǒmen shì tóngsuì.

生词

今年 jīnnián 올해
多大 duō dà (나이가) 얼마인가
了 le 상황의 변화를 나타냄
岁 suì ~세, ~살(나이)
呢 ne ~는요?
也 yě 또한, ~도
我们 wǒmen 우리
那 nà 그러면, 그렇다면
同岁 tóngsuì 동갑

5

1 呢 ne

「呢」는 '~는요?'라는 뜻으로 「你呢?」는 '당신은요?'라는 뜻을 나타냅니다.

我是十三岁,	你	呢?	나는 열 세 살인데, 너 는?
Wǒ shì shísān suì,	nǐ	ne?	
	他		그
	tā		
	她		그녀
	tā		

2 也 yě

「也」는 '~도, 또한'이라는 뜻으로 주어 뒤에 쓰입니다.

我也	十三岁了。	나도 열 세 살이야.
Wǒ yě	shísān suì le.	
	是学生。	학생이야.
	shì xuéshēng.	
	有妹妹。	여동생이 있어.
	yǒu mèimei.	

＊문장 끝에 「了」를 붙이면 상황이 변화했음을 나타냅니다.
　「我十三岁了」의 경우 '13살이 되었다' 는 의미로 상황이 변화했음을 나타내는 것입니다.

 26

1 你今年多大了? Nǐ jīnnián duō dà le?

나이를 물을 때는 상대방이 손윗사람인지 손아랫사람인지에 따라 적절한 표현을 써야 합니다.

Ⓐ 今年几岁了?
Jīnnián jǐ suì le?

올해 몇 살이니?

Ⓑ 今年八岁了。
Jīnnián bā suì le.

올해 8살이에요.

Ⓐ 你今年多大了?
Nǐ jīnnián duō dà le?

올해 나이가 어떻게 돼요?

Ⓑ 我今年十五岁了。
Wǒ jīnnián shíwǔ suì le.

올해 15살이에요.

Ⓐ 您多大年纪了?
Nín duō dà niánjì le?

연세가 어떻게 되세요?

Ⓑ 我七十岁了。
Wǒ qīshí suì le.

70살이란다.

2 10 이상의 숫자 세는 법

11	12	13	14	15	16	17	18	19	20
十一 shíyī	十二 shí'èr	十三 shísān	十四 shísì	十五 shíwǔ	十六 shíliù	十七 shíqī	十八 shíbā	十九 shíjiǔ	二十 èrshí

21	22	23	24	25	26	27	28	29	30
二十一 èrshíyī	二十二 èrshí'èr	二十三 èrshísān	二十四 èrshísì	二十五 èrshíwǔ	二十六 èrshíliù	二十七 èrshíqī	二十八 èrshíbā	二十九 èrshíjiǔ	三十 sānshí

40	50	60	70	80	90	100	1000	10000
四十 sìshí	五十 wǔshí	六十 liùshí	七十 qīshí	八十 bāshí	九十 jiǔshí	一百 yìbǎi	一千 yìqiān	一万 yíwàn

生词

年纪 niánjì 연령, 나이

  27

1 잘 듣고 숫자를 쓰세요.

❶ [   ]　　　❷ [   ]　　　❸ [   ]

2 잘 듣고 빈칸에 들어갈 알맞은 말을 써 넣으세요.

❶

我爷爷今年 [   ] 岁了。

❷

我妈妈今年 [   ] 岁了。

❸

我弟弟今年 [   ] 岁了。

※ '我爷爷', '我妈妈'는 원래 '我的爷爷', '我的妈妈'라고 해야 하지만 보통 자신의 가족을 말할 때는 '的'를 생략하는 것이 더 자연스럽습니다.

说话 말하기

🍀 상대에 맞게 나이 묻는 표현을 연습하고, 10 이상의 숫자를 자유롭게 읽고 쓸 수 있도록 합니다.

1 그림을 보고 상황에 맞게 나이를 물어 보세요.

❶ [   ]?

❷ [   ]?

❸ [   ]?

2 다음 숫자를 큰 소리로 읽어 보세요.

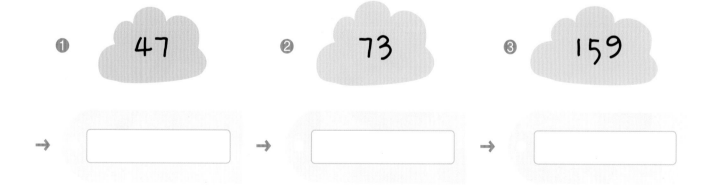

❶ 47   ❷ 73   ❸ 159

→ [   ] → [   ] → [   ]

Shí ge Yìndì'ān rén

Jīnnián shí suì, liǎng ge Yìndì'ān.

Jīnnián shíyī suì, sān ge Yìndì'ān.

Jīnnián shí'èr suì, wǔ ge Yìndì'ān.

Yígòng shí ge Yìndì'ān rén.

Shí'èr suì Yìndì'ān, tāmen shì lǎodà.

Shí'yī suì Yìndì'ān, tāmen shì lǎo'èr.

Shí suì Yìndì'ān, tāmen shì lǎoxiǎo.

Yígòng shí ge Yìndì'ān rén.

올해 10살 인디언 둘

올해 11살 인디언 셋

올해 12살 인디언 다섯

모두 열 명의 인디언

12살 인디언 나이가 첫째

11살 인디언 나이가 둘째

10살 인디언 나이가 막내

모두 열 명의 인디언

중국인들이 가장 좋아하는 숫자는 8이에요. 숫자 8의 중국어 八(bā)과 '큰 재물을 얻는다'는 뜻의 중국어 发(fā)의 발음이 비슷해서 8이라는 숫자는 행운이 있는 숫자로 여겨지고 있어요. 2008년 8월 8일 저녁 8시 8분에 베이징 올림픽의 개막식을 시작했던 것을 보면 중국인들이 숫자 8을 얼마나 좋아하는지 알 수 있어요. 또 '순조롭다'는 뜻의 중국어 流(liú)와 비슷한 발음의 숫자 6(liù)도 좋아합니다. 숫자 9도 좋아하는데요. '시간이 길다'라는 뜻의 중국어 久(jiǔ)와 발음이 같아서 '오래 살다'의 뜻을 가지고 있다고 생각하기 때문이에요. 우리나라에서는 행운의 숫자 7을 좋아하지만 중국에서는 숫자 7을 좋아하지 않아요. 그 이유는 '화를 내다'라는 뜻의 气(qì)와 발음이 비슷하기 때문이에요.

6

今天几月几号?

阿龙 Ālóng	今天几月几号? Jīntiān jǐ yuè jǐ hào?
美娜 Měinà	今天四月六号。 Jīntiān sì yuè liù hào.
阿龙 Ālóng	今天星期几? Jīntiān xīngqī jǐ?
美娜 Měinà	今天星期五。 Jīntiān xīngqīwǔ.

4月6日
星期五

生词

今天 jīntiān 오늘
月 yuè 월
号 hào 일
星期几 xīngqī jǐ 무슨 요일
星期五 xīngqīwǔ 금요일

🎧 30

1 今天四月六号。Jīntiān sì yuè liù hào.

「今天四月六号。」는 '오늘은 4월 6일입니다.'라는 뜻으로, 날짜나 요일을 말할 때는 보통 「是」를 생략합니다.

今天 Jīntiān	四 sì	月 yuè	六 liù	号。 hào.	오늘은 4월 6일입니다.
明天 Míngtiān	八 bā		七 qī		내일은 8월 7일입니다.
昨天 Zuótiān	三 sān		二十 èrshí		어제는 3월 20일이었습니다.

* '오늘은 4월 6일이 아닙니다.'는 날짜 앞에 「不」만 쓰는 것이 아니라 「不是」를 씁니다.

今天不是四月六号。Jīntiān bú shì sì yuè liù hào.

날짜를 물을 때는 '几月几号 (Jǐ yuè jǐ hào)?' 라고 합니다.

2 今天星期几？Jīntiān xīngqī jǐ?

'무슨 요일입니까'는 요일 뒤에 의문대명사 「几」를 씁니다.

Ⓐ 今天星期几?   오늘은 무슨 요일입니까?
Jīntiān xīngqī jǐ?

Ⓑ 今天星期天。   오늘은 일요일입니다.
Jīntiān xīngqītiān.

* 요일 표현은 '星期' 뒤의 숫자를 바꾸어 표현합니다. 단, 일요일은 '星期七'라고 하지 않습니다.

1 날짜와 요일 읽기

星期天 일요일 xīngqītiān	星期一 월요일 xīngqīyī	星期二 화요일 xīngqī'èr	星期三 수요일 xīngqīsān	星期四 목요일 xīngqīsì	星期五 금요일 xīngqīwǔ	星期六 토요일 xīngqīliù
	1 一号 yī hào	2 二号 èr hào	3 三号 sān hào	4 四号 sì hào	5 五号 wǔ hào	6 六号 liù hào
7 七号 qī hào	8 八号 bā hào	9 九号 jiǔ hào	10 十号 shí hào	11 十一号 shíyī hào	12 十二号 shí'èr hào	13 十三号 shísān hào
14 十四号 shísì hào	15 十五号 shíwǔ hào	16 十六号 shíliù hào	17 十七号 shíqī hào	18 十八号 shíbā hào	19 十九号 shíjiǔ hào	20 二十号 èrshí hào
21 二十一号 èrshíyī hào	22 二十二号 èrshí'èr hào	23 二十三号 èrshísān hào	24 二十四号 èrshísì hào	25 二十五号 èrshíwǔ hào	26 二十六号 èrshíliù hào	27 二十七号 èrshíqī hào
28 二十八号 èrshíbā hào	29 二十九号 èrshíjiǔ hào	30 三十号 sānshí hào	31 三十一号 sānshíyī hào	＊ 일요일은 星期日(xīngqīrì)라고도 합니다.		

2 시간 표현

前天 qiántiān 그저께	昨天 zuótiān 어제	今天 jīntiān 오늘	明天 míngtiān 내일	后天 hòutiān 모레

 32

1 질문을 잘 듣고 달력을 보면서 대답해 보세요.

5

✳ 生日 shēngrì 생일

星期天	星期一	星期二	星期三	星期四	星期五	星期六
		1	2	3	4	⑤ 妈妈的生日
6	7	8	9	10	11	12
13	14	15	⑯ 我的生日	17	18	19
20	21	22	23	24	25	26
27	28	㉙ 今天	30	31		

❶ ⓐ 5月5号　ⓑ 5月11号　ⓒ 5月16号　ⓓ 5月29号

❷ ⓐ 5月5号　ⓑ 5月11号　ⓒ 5月16号　ⓓ 5月29号

❸ ⓐ 5月5号　ⓑ 5月11号　ⓒ 5月16号　ⓓ 5月29号

❹ ⓐ 星期一　ⓑ 星期三　ⓒ 星期五　ⓓ 星期天

❺ ⓐ 星期一　ⓑ 星期三　ⓒ 星期五　ⓓ 星期天

说话 말하기

🌸 어떤 날짜와 요일이든 자신있게 묻고 대답할 수 있도록 연습하고, 자신과 가족의 생일을 말해 보세요.

1 달력을 보고 다음 질문에 대답해 보세요.

❶ 今天几月几号? 星期几?

.

❷ 明天星期二吗?

.

❸ 后天星期几?

.

2 다음 사진을 보고 가족의 생일을 말해 보세요.

我的生日 _____ 。

爸爸的生日 _____ 。

妈妈的生日 _____ 。

哥哥的生日 _____ 。

妹妹的生日 _____ 。

7月6号   2月18号   9月15号

我

10月30号   4月20号

Jīntiān jǐ yuè jǐ hào?

Zuótiān jǐ yuè jǐ hào, xīngqī jǐ?

Zuótiān sì yuè qī hào, xīngqīyī.

Jīntiān jǐ yuè jǐ hào, xīngqī jǐ?

Jīntiān sì yuè bā hào, xīngqī'èr.

Míngtiān jǐ yuè jǐ hào, xīngqī jǐ?

Míngtiān sì yuè jiǔ hào, xīngqīsān.

Hòutiān jǐ yuè jǐ hào, xīngqī jǐ?

Hòutiān sì yuè shí hào, xīngqīsì.

어제 몇 월 며칠, 무슨 요일이야?

어제 4월 7일, 월요일이야.

오늘 몇 월 며칠, 무슨 요일이야?

오늘 4월 8일, 화요일이야.

내일 몇 월 며칠, 무슨 요일이야?

내일 4월 9일, 수요일이야.

모레 몇 월 며칠, 무슨 요일이야?

모레 4월 10일, 목요일이야.

✱ 오늘 날짜로 바꾸어 불러 보세요.

중국의 국경일이 궁금해요.

양력 1월 1일 '위엔단'
'元旦(Yuándàn)'은 새해의 첫 날로 공식적으로는 하루를 쉬어요.

음력 1월 1일 '춘제'
중국 최대의 명절인 '春节(Chūnjié)'에는 공식적으로는 3일을 쉬는데 가족들이 한자리에 모이기 위해 중국 대륙에서 대이동이 일어나요. 춘제에는 대문 양 옆에 춘렌(春联, chūnlián)을 붙이고 만두를 빚어 먹어요.

양력 5월 1일 '라오둥제'
'劳动节(Láodòngjié)'는 한국의 근로자의 날로 공식적으로는 하루를 쉬는데 보통 3일을 쉰다고 해요.

음력 8월 15일 '중추제'
'中秋节(Zhōngqiūjié)'는 한국의 추석에 해당하는 중국 전통 명절이에요. 밀가루 반죽에 견과류나 과일, 고기 등 다양한 소를 넣은 보름달을 닮은 모양의 웨빙(月饼, yuèbǐng)을 먹어요. 공식적으로 3일을 쉬어요.

양력 10월 1일 '궈칭제'
중국의 건국 기념일로 대대적인 행사가 열리는 날이에요. 보통 일주일간 휴무하고 여행을 가는 사람이 많아 모든 여행지가 인산인해를 이뤄요. 공식적으로는 궈칭제(国庆节, Guóqìngjié) 당일부터 3일 간 휴일이에요.

1 그림을 보고 병음이 맞게 표기된 것에 ○표 하세요.

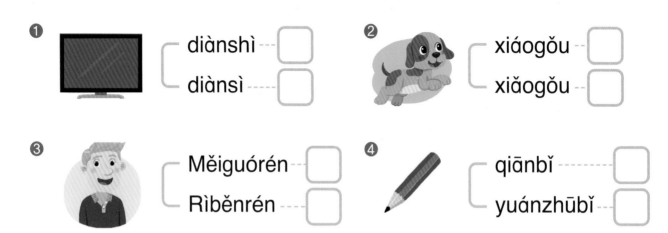

① diànshì ☐ / diànsì ☐

② xiáogǒu ☐ / xiǎogǒu ☐

③ Měiguórén ☐ / Rìběnrén ☐

④ qiānbǐ ☐ / yuánzhūbǐ ☐

2 그림을 보고 알맞은 한자에 ○표 하세요.

① 橡皮 钥匙

② 笔 书

③ 香蕉 苹果

3 그림에서 선생님이 할 수 있는 말이 <u>아닌</u> 것을 고르세요.

① Dàjiā hǎo!

② Zǎoshang hǎo!

③ Nǐmen hǎo!

④ Lǎoshī hǎo!

4 그림을 보고 빈칸에 알맞은 말을 써 넣으세요.

❶ Wǒ xìng _____,

　　 míngzi jiào _____ 。

　　 Wǒ shì _____ 。

• 이름: Lǐ Zhōngshí
• 직업: xuéshēng

❷ Wǒ jiào _____ 。

　　 Wǒ bú shì Rìběnrén,

　　 Wǒ shì _____ 。

• 이름: Piáo Měiyìng
• 국적: Hánguórén

❸ 我明年十六岁,
你呢?

15岁　　15岁

我 _____ 十六岁,
我们是 _____ 。

❹ 我家有 _____ 口人。

我 _____ 妹妹。

我 _____ 弟弟。

5 질문을 읽고 알맞은 답을 써 넣으세요.

❶ 妹妹有橡皮吗?

_____

❷ 哥哥有冰淇淋吗?

_____

❸ 这是谁的电脑?

_____

❹ 那是哥哥的草莓吗?

_____

6 달력의 빈칸에 알맞은 말을 써 넣으세요.

①	星期一	星期二	星期三	②	星期五	星期六
	1	2	3	4	5	6
7	8	9	⑩	11	12	13

前天 → ③ → 今天 → 明天 → ④

❶ _____   ❷ _____

❸ _____   ❹ _____

7 미나에 대한 소개글을 읽고 다음 빈칸을 채워 보세요.

- 이름: 美娜
- 생일: 3월 5일
- 나이: 13살
- 가족: 아빠, 엄마, 남동생
- 국적: 한국

Wǒ lái jièshào Měinà. Tā jiào _____. Tā shì wǒ de péngyou.

Tā jīnnián _____ suì. Tā jiā yǒu _____.

Bàba, _____, _____ hé Měinà.

Tā de shēngrì shì _____. Tā shì _____.

8 7번처럼 자신의 얼굴을 그리고, 빈칸을 채운 뒤 자기소개를 해 보세요.

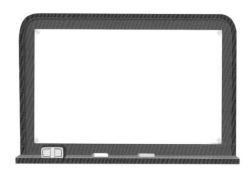

- 이름: _____
- 생일: _____
- 나이: _____
- 가족: _____
- 국적: _____

介绍 jièshào 소개하다
朋友 péngyou 친구
自我 zìwǒ 자기 자신

Zìwǒ jièshào yíxià. Wǒ jiào _____.

_____

_____

_____

7 你去哪儿?

dì qī kè

阿龙　　你去哪儿?
Ālóng　　Nǐ qù nǎr?

美娜　　我去珉珠家。
Měinà　　Wǒ qù Mínzhū jiā.

阿龙　　现在珉珠在家吗?
Ālóng　　Xiànzài Mínzhū zài jiā ma?

美娜　　她在家。
Měinà　　Tā zài jiā.

生词

去 qù 가다
哪儿 nǎr 어디
珉珠 Mínzhū 민주(인명)
现在 xiànzài 지금
在 zài ~에 있다

你去哪儿? 71

1 你去哪儿？ Nǐ qù nǎr?

「你去哪儿？」은 '어디 가니?'라는 뜻입니다. 「哪儿」은 '어디'라는 뜻의 의문대명사로 「吗」와 같이 쓰지 않습니다.

Ⓐ 你去哪儿？   어디 가니?
Nǐ qù nǎr?

Ⓑ 我去学校。   학교에 가.
Wǒ qù xuéxiào.

朋友家
péngyou jiā

洗手间
xǐshǒujiān

书店
shūdiàn

网吧
wǎngbā

2 在 zài

「在」는 장소 앞에 쓰며 '~에 있다'라는 뜻입니다. '~에 없다'라고 할 때는 「不在(bú zài)」라고 합니다.

Ⓐ 他在家吗？   그는 집에 있어?
Tā zài jiā ma?

Ⓑ 他不在家。   그는 집에 없어.
Tā bú zài jiā.

Ⓐ 他在哪儿？   그는 어디 있어?
Tā zài nǎr?

Ⓑ 他在补习班。   그는 학원에 있어.
Tā zài bǔxíbān.

文具店   **教室**
wénjùdiàn   jiàoshì

1 这儿 / 那儿 / 哪儿 zhèr / nàr / nǎr

「这, 那, 哪」 뒤에 「儿」을 붙이면 장소를 나타내는 말이 됩니다.

Ⓐ 美娜在哪儿?
Měinà zài nǎr?

미나는 어디에 있니?

Ⓑ 美娜在这儿。
Měinà zài zhèr.

미나는 여기에 있어요.

| 我 Wǒ | 在这儿。 zài zhèr. | 나 | 여기에 있어요. |
| 书包 Shūbāo | | 책가방 | |

| 小狗 Xiǎogǒu | 在那儿。 zài nàr. | 강아지 | 는 저기에 있어요. |
| 本子 Běnzi | | 노트 | |

| 妈妈 Māma | 在哪儿? zài nǎr? | 엄마 | 어디 있어요? |
| 眼镜儿 Yǎnjìngr | | 안경 | |

生词

学校 xuéxiào 학교
朋友 péngyou 친구
洗手间 xǐshǒujiān 화장실
书店 shūdiàn 서점
网吧 wǎngbā 피시방

补习班 bǔxíbān 학원
文具店 wénjùdiàn 문구점
教室 jiàoshì 교실
这儿 zhèr 여기
那儿 nàr 저기

哪儿 nǎr 어디
书包 shūbāo 책가방
眼镜儿 yǎnjìngr 안경

1 그림을 보고 질문에 알맞은 답을 써 넣으세요.

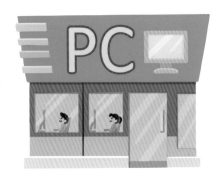

❶
❷

2 잘 듣고 알맞은 그림에 연결하세요.

❶ 10月 4号 •

ⓐ

❷ 10月 2号 •

ⓑ

❸ 星期五 •

ⓒ

说话 _{말하기}

🌸 장소 이름을 익히고,「你去 / 在哪儿？」,「我去 / 在~。」문장을 연습합니다.

1 그림을 보고 빈칸을 채워가며 짝과 대화를 나눠 보세요.

7

❶ ⓐ 我去 ☐ ，你去哪儿？

ⓑ 我也去 ☐ 。

❷ ⓐ 现在她在 ☐ 吗？

ⓑ 她不在 ☐ 。

ⓐ 她在哪儿？

ⓑ 她在 ☐ 。

生词

超市 chāoshì 슈퍼마켓
邮局 yóujú 우체국
银行 yínháng 은행

Qù nǎr?

Nǎr, nǎr, māma qù nǎr?

Chāoshì, chāoshì, māma qù chāoshì.

Zài, zài, lǎoshī zài nǎr?

Zài, zài, lǎoshī zài xuéxiào.

어디 어디 엄마는 어디 가셔?

마트 마트 엄마는 마트에 가셔.

있어 있어 선생님은 어디에 계셔?

있어 있어 선생님은 학교에 계셔.

✱ 사람과 장소를 다양하게 바꾸어 불러 보세요.

중국 탐방 여행

우루무치(乌鲁木齐)

동·서양의 다리 역할을 했던 실크로드의 요충지로 이슬람 문화의 영향을 많이 받은 도시. (추천 여행 코스-사막에서 낙타 타기, 텐산(天山) 천지에 오르기)

쿤밍(昆明)

사계절 모두 따뜻하고 언제나 꽃이 만발하는 도시.
(추천 여행 코스 - 소수민족을 볼 수 있는 윈난 민속촌, 유네스코 세계 자연유산에 등재된 스린(石林))

꾸이린(桂林)

"桂林山水甲天下(꾸이린의 경치가 세상에서 제일이다)"라는 말이 있을 정도로 아름다운 자연 경관을 자랑하는 도시. (추천 여행 코스- 아름다운 리지앙(漓江)에서 유람선 타기, 샹비산(象鼻山)에 올라 코끼리 모양 확인하기)

하이난다오(海南岛)

동양의 하와이, 따뜻한 남쪽의 중국 제2의 섬. (추천 여행 코스- 아름다운 해안가 싼야, 중국 최대 원숭이 보호구역인 원숭이 섬)

8 现在几点?

阿龙　　现在几点?
Ālóng　Xiànzài jǐ diǎn?

美娜　　现在八点四十五分。
Měinà　Xiànzài bā diǎn sìshíwǔ fēn.

阿龙　　啊, 差一刻九点了?
Ālóng　Ā, chà yí kè jiǔ diǎn le?

美娜　　迟到了, 我们快走吧。
Měinà　Chídào le, wǒmen kuài zǒu ba!

生词

点 diǎn ~시
分 fēn ~분
啊 ā 아(감탄사)
差 chà 부족하다, ~전
刻 kè 15분
迟到 chídào 지각하다
快 kuài 빨리
走 zǒu (걸어서) 가다
吧 ba ~하자

  40

1 现在几点？ Xiànzài jǐ diǎn?

「现在几点？」은 '지금 몇 시입니까?'라는 뜻입니다.

Ⓐ 现在几点？
Xiànzài jǐ diǎn?

지금 몇 시예요?

Ⓑ 八点五分。
Bā diǎn wǔ fēn.

8시 5분입니다.

两点半
liǎng diǎn bàn

差五分四点
chà wǔ fēn sì diǎn

差一刻九点
chà yí kè jiǔ diǎn

2 快走吧。Kuài zǒu ba.

「快走吧。」는 '빨리 가자.'이고 「吧」는 '~하자/합시다'라는 권유, 재촉의 뜻입니다.

我们 Wǒmen	快 kuài	走 zǒu	吧。 ba.	우리	빨리	가자.
你们 Nǐmen		去 qù		너희		가라.
你们 Nǐmen		来 lái		너희		와라.

生词

两 liǎng 둘(2)
半 bàn 반(30분)

我们 wǒmen 우리
你们 nǐmen 너희

来 lái 오다

1 시간 읽기

 点 시

一点
yì diǎn

两点
liǎng diǎn

九点
jiǔ diǎn

＊2시라고 말할 때는 '二点'이라고 하지 않습니다.

分 분

十分
shí fēn

十五分　＝　一刻
shíwǔ fēn　　yí kè

二十五分
èrshíwǔ fēn

三十分　＝　半
sānshí fēn　　bàn

四十分
sìshí fēn

四十五分　＝　三刻
sìshíwǔ fēn　　sān kè

＊5시 45분은 6시 15분 전이라고 말할 수 있는데
중국어로는 **差一刻六点**。이라고 합니다.
Chà yí kè liù diǎn.

1 잘 듣고 빈칸을 채우세요.

❶
中影星电影院

좌석	E 排 18 座
영화 제목	英雄
날짜	18-05-04

시간 _____

가격 60 元

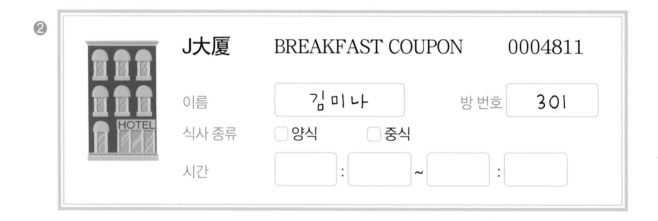

❷
J大厦   BREAKFAST COUPON   0004811

이름　김미나　　방 번호　301

식사 종류　☐ 양식　☐ 중식

시간　☐ : ☐ ~ ☐ : ☐

2 잘 듣고 몇 시 몇 분인지 표시하세요.

❶ 　❷ 　❸

1 아래 그림을 보고 시간을 말해 보세요.

①

②

③

2 시계를 사용하여 친구와 몇 시인지 묻고 답해 보세요. 부록 ✂

现在几点?

现在 [   ] 。

43

Xiànzài jǐ diǎn?

Xiànzài jǐ diǎn?

Xiànzài bā diǎn shíwǔ fēn , bā diǎn shíwǔ fēn .
                 yí kè   yí kè

Xiànzài jǐ diǎn?

Xiànzài bā diǎn sānshí fēn , bā diǎn sānshí fēn .
                 bàn   bàn

Xiànzài jǐ diǎn?

Xiànzài bā diǎn sìshíwǔ fēn , bā diǎn sìshíwǔ fēn .
       chà yí kè jiǔ diǎn   chà yí kè jiǔ diǎn

지금 몇 시야?

지금 8시 15분, 8시 15분이야.

지금 몇 시야?

지금 8시 30분(반), 8시 30분(반)이야.

지금 몇 시야?

지금 8시 45분(9시 15분 전), 8시 45분
(9시 15분 전)이야.

文化 문화

아침과 밤에 열리는 시장

아침 시장(早市)

중국의 아침 시장은 보통 4~5시쯤 부터 영업을 시작하고 8시 정도면 영업이 끝나요. 중국 사람들은 맞벌이가 많고 외식을 많이 하는데 특히 아침 식사의 경우 아침 시장에서 먹는 경우가 많답니다. 보통 길거리에 길게 늘어서는 아침 시장에서는 중국인들의 간단한 아침 식사를 팔거나 야채, 고기, 생선 등 식재료를 팔아요.

밤 시장(夜市)

중국의 밤 시장은 식재료를 파는 아침 시장과는 달리 주로 먹거리를 팔고 옷이나 장신구 등 생활 용품을 팔아요. 다양한 음식을 먹을 수 있고 저렴하게 여러 가지 물건을 구매할 수 있어요. 밤 시장이지만 중국의 밤 시장은 보통 10시 이전에 문을 닫아요. 저녁 무렵에 밤 시장을 구경해야 밤 시장의 매력을 충분히 느낄 수 있답니다.

di jiǔ kè

喂，您好！

美娜	喂，您好。我是美娜，阿龙在吗？
Měinà	Wéi, nín hǎo. Wǒ shì Měinà, Ālóng zài ma?
阿龙妈妈	阿龙不在。
Ālóng māma	Ālóng bú zài.
美娜	那我一会儿再打，再见。
Měinà	Nà wǒ yíhuìr zài dǎ, zàijiàn.
阿龙妈妈	再见。
Ālóng māma	Zàijiàn.

44

9

生词

喂 wéi 여보세요
在 zài 있다
一会儿 yíhuìr 잠시, 곧
再 zài 다시
打 dǎ (전화를) 걸다
再见 zàijiàn (헤어질 때 인사) 안녕

1 喂, ~在吗? Wéi, ~zài ma?

「喂, ~在吗?」는 '여보세요, ~가 있어요?'라는 뜻입니다. 「喂」는 '여보세요?'라는 뜻으로 전화를 걸고 받을 때 쓰는 말입니다. 원래는 4성(wèi)이지만 보통 2성(wéi)으로 읽습니다.

喂,	阿龙	在吗?	여보세요,	아롱	있어요?
Wéi,	Ālóng	zài ma?			
	美娜			미나	
	Měinà				
	金老师			김 선생님	
	Jīn lǎoshī				

만약 찾는 사람이 있다면 「~在。」라고 하고 없다면 「~不在。」라고 대답합니다.

Ⓐ 喂, 你好。 阿龙在吗?　　　　여보세요, 아롱 있어요?
　Wéi, nǐ hǎo.　Ālóng zài ma?

Ⓑ 阿龙不在。　　　　　　　　아롱 없어요.
　Ālóng bú zài.

> '전데요.'라고 말하려면 '我就是。
> (Wǒ jiù shì.)'라고 합니다.

2 一会儿 yíhuìr

「一会儿」은 '짧은 시간, 잠시, 잠깐'이라는 뜻입니다.

等一会儿。　　　　　　잠시만 기다리세요.
Děng yíhuìr.

再坐一会儿吧。　　　　조금 더 앉아 계세요.
Zài zuò yíhuìr ba.

> **生词**
> 等 děng 기다리다
> 坐 zuò 앉다

1 你的电话号码是多少? Nǐ de diànhuà hàomǎ shì duōshao?

「你的电话号码是多少?」는 '당신의 전화번호는 몇 번입니까?'라는 뜻입니다. 「多少」는 '얼마나, 몇'이라는 뜻입니다.

Ⓐ 你的电话号码是多少?
　 Nǐ de diànhuà hàomǎ shì duōshao?

전화번호가 몇 번이에요?

Ⓑ 我的电话号码是402-2981。
　 Wǒ de diànhuà hàomǎ shì sì líng èr èr jiǔ bā yāo.

제 전화번호는 402에 2981입니다.

＊ 숫자 읽기

905-7985　　359-1452　　729-1784

> 숫자 중에서 방 호수나 전화번호를 읽을 때는 숫자를 하나씩 끊어서 읽습니다. 예를 들어, 402-2981은 '사백이-이천구백팔십일'이라고 읽는 것이 아니라 '사공이-이구팔일'이라고 읽습니다. 이때 1은 yī가 아니라 yāo라고 읽습니다.

9

2 전화에서 자주 쓰는 표현

• 接电话。　전화를 받다.
　 Jiē diànhuà.

• 您是哪(一)位?　누구십니까?
　 Nín shì nǎ (yí) wèi?

• 打电话。　전화를 걸다.
　 Dǎ diànhuà.

• 请稍等。/ 请等一下。　잠깐만 기다리세요.
　 Qǐng shāo děng. / Qǐng děng yíxià.

• 挂电话。　전화를 끊다.
　 Guà diànhuà.

• 你打错了。　전화 잘못 거셨습니다.
　 Nǐ dǎcuò le.

• 占线。　통화중.
　 Zhànxiàn.

• 请留言。　메모를 남기세요.
　 Qǐng liúyán.

生词

电话号码 diànhuà hàomǎ 전화번호
多少 duōshao 얼마, 몇
零 líng 영(0)

幺 yāo 하나(1, 전화번호 등을 말할 때 '一' 대신 씀)
稍 shāo 잠시, 잠깐
接 jiē 받다, 연결하다

挂 guà (전화를) 끊다
留言 liúyán 메모를 남기다, 메모
错 cuò 틀리다, 맞지 않다

1 잘 듣고 빈칸에 들어갈 알맞은 말을 써 넣으세요.

> 请问　　在　　吗　　我
>
> 喂　　打错　　就　　了
>
> 电话号码　　多少

❶

阿龙：[　　　]，美娜[　　　]？

美娜：[　　　　　　　　]。

❷

阿龙：[　　　]，美娜[　　　]？

珉珠妈妈：这不是美娜家，你[　　　　]。

阿龙：对不起。

❸

职员：[　　　]，你好！

哲秀：请问，中国书店[　　　　　]？

职员：中国书店电话号码是[　　　　]

－[　　　　]。

说话 말하기

🌸 전화통화 할 때 필요한 표현들을 연습하고, 전화번호를 묻고 대답할 수 있도록 합니다.

1 그림의 대화를 중국어로 해 보세요.

① 여보세요, 저 아롱인데요. 아버지 계세요?

② 계세요, 잠시만 기다리세요.

① 여보세요, 저 아롱인데요. 아버지 계세요?
③ 그럼 잠시 후에 다시 걸게요. 안녕히 계세요.

② 안 계신데요.
④ 안녕히 계세요.

① 여보세요, 저 아롱인데요. 아버지 계세요?

② 안 계신데요. 메모를 남기세요.

2 짝에게 집 전화번호를 중국어로 알려주고 짝의 전화번호도 물어보세요.

우리 집 전화번호

친구의 전화번호

  48

Wéi!

Wéi! Wéi! Wéi, nǐ hǎo! Wǒ shì Měinà, Ālóng zài ma?

Wéi! Wéi! Wéi, nǐ hǎo! Duìbuqǐ, Ālóng bú zài.

Hǎo, hǎo. Wǒ yíhuìr zài dǎ.

Hǎo, hǎo. Zàijiàn, zàijiàn.

Wéi! Wéi! Wéi, nǐ hǎo! Wǒ shì Měinà, Ālóng zài ma?

Wéi! Wéi! Wéi, nǐ hǎo! Ālóng zài, qǐng shāo děng.

Hǎo, hǎo. Xièxie, xièxie.

Hǎo, hǎo. Qǐng děng yíxià.

여보세요. 여보세요. 안녕하세요. 저는 미나예요. 아롱이 있나요?

여보세요. 여보세요. 안녕하세요. 미안하지만 아롱이가 없네요.

네, 알겠습니다. 조금 이따가 다시 걸게요.

그래요. 알겠어요. 그럼 이만 끊을게요.

여보세요. 여보세요. 안녕하세요. 저는 미나예요. 아롱이 있나요?

여보세요. 여보세요. 안녕하세요. 아롱이 있어요. 잠시만 기다리세요.

네, 네, 감사합니다.

네, 네, 잠시만 기다려 주세요.

✽ '자신과 친구의 이름'으로 바꾸어 불러 보세요~

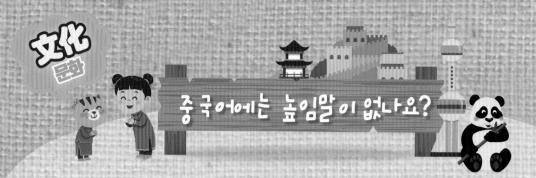

우리나라에서는 나이가 많은 분께는 고개를 숙여서 인사하고 높임말을 사용해요. '밥'을 '진지', '나이'를 '연세'와 같이 높임을 표현하는 단어를 사용하거나 '-시'를 사용해서 '선생님께서 식사를 하십니다.'처럼 말을 해요.

중국에서는 선생님을 만났을 때, '你好！/ 老师好！'라고 인사를 하고 우리말의 '-시'와 같은 표현은 없기 때문에 표현이 달라지지 않아요. 그렇다고 높임말이 전혀 없는 것은 아니에요. 상대방을 존중하기 위해 '你' 대신 '您(nín)'을 사용하여 상대방을 높이고, '请(qǐng)'을 사용하여 '~해 보세요'라는 표현을 합니다. 또 '贵(guì)'를 사용하여 '贵姓(guì xìng)', '贵国(guì guó)'라고 하는데 상대방을 '존귀하다'는 단어를 사용하여 높이는 것이에요. 양사 '位(wèi)'도 높임의 의미를 가지고 있어요. 사람을 높이는 '분'이라는 뜻이에요.

请坐。앉으세요.
Qǐng zuò.

各位老师你们好！ 여러 선생님 안녕하십니까!
Gè wèi lǎoshī nǐmen hǎo!

您贵姓？성이 어떻게 되십니까?
Nín guì xìng?

多少钱？

服务员 Fúwùyuán	您要什么？ Nín yào shénme?
美娜 Měinà	我要一个汉堡包、 Wǒ yào yí ge hànbǎobāo、
	一杯可乐。多少钱？ yì bēi kělè. Duōshao qián?
服务员 Fúwùyuán	一共十三块五。 Yígòng shísān kuài wǔ.
	还要别的吗？ Hái yào bié de ma?
美娜 Měinà	不要了。 Bú yào le.

可乐 4元　薯条 6元　堡包 9元

10

生词

多少钱 duōshao qián 얼마예요?
服务员 fúwùyuán 종업원
要 yào 원하다
个 ge 개(양사)
汉堡包 hànbǎobāo 햄버거
杯 bēi 잔(양사)
可乐 kělè 콜라
一共 yígòng 전부, 모두
块 kuài 콰이(화폐단위)
还 hái 또, 더
别的 bié de 다른 것

1 要 yào

「要」는 '원하다/필요로 하다'는 뜻입니다.

Ⓐ **你要**什么?　무엇이 필요하세요?
Ní yào shénme?

Ⓑ **我要**汉堡包。　햄버거 주세요.
Wǒ yào hànbǎobāo.

三明治 sānmíngzhì

薯条 shǔtiáo

可乐 kělè

2 양사

물건을 세는 단위를 '양사'라고 합니다. 물건이나 사람을 셀 때 '수 + 양사 + 사람/물건'의 형식으로 쓰고 사람, 물건에 따라서 다양한 양사가 쓰입니다.

一个汉堡包
yí ge hànbǎobāo

两个人
liǎng ge rén

一杯可乐
yì bēi kělè

一本书
yì běn shū

生词

三明治 sānmíngzhì 샌드위치　　　本 běn 권(책을 세는 양사)
薯条 shǔtiáo 감자튀김

  51

1 금액 읽기

> 1元 yuán(块 kuài) = 10角 jiǎo(毛 máo) = 100分 fēn

중국의 화폐 단위는 「元」입니다. 보통 말할 때는 「块, 毛」를 많이 사용하고, 책이나 글씨로 쓸 때는 「元, 角」를 사용합니다.

「十三块五。」는 「十三块五毛。」에서 「毛」를 생략한 것인데, 마지막 단위는 생략해서 말할 수 있습니다. 중국 돈 「一块(yí kuài)」는 우리 돈의 약 200원 정도에 해당합니다.(환율에 따라 다름)

21块 ＝ 二十一块　　　　130块 ＝ 一百三(十块)
16.4块 ＝ 十六块四(毛)　　2.04块 ＝ 两块零四(分)

10

2 两 liǎng

다음과 같은 경우에는 숫자 2를 표시할 때 「二」 대신 「两」을 사용합니다. 보통 양사 앞의 2는 「两」으로 씁니다.

二点 èr diǎn	⟹	两点 liǎng diǎn	두 시
二个 èr ge	⟹	两个 liǎng ge	두 개
二块 èr kuài	⟹	两块 liǎng kuài	2콰이
二天 èr tiān	⟹	两天 liǎng tiān	이틀
二个月 èr ge yuè	⟹	两个月 liǎng ge yuè	2개월

1 잘 듣고 질문에 알맞은 답을 써 넣으세요.

❶ 　这个蛋糕多少钱?

❷ 　两个冰淇淋多少钱?

❸ 　一共多少钱?

2 잘 듣고 알맞은 양사를 빈칸에 써 넣으세요.

❶

三 □ 可乐

❷

四 □ 汉堡包

❸

两 □ 人

❹

一 □ 书

说话 말하기

🌸 실제로 물건을 사는 상황의 대화를 연습하면서 「我要~。」 문장과 금액 말하기를 익히도록 합니다.

1 다음 메뉴판을 보면서 점원과 손님으로 역할을 나누어 주문해 보세요.

汉堡包 12元 hànbǎobāo

薯条 6元 shǔtiáo

比萨饼 50元 bǐsàbǐng

三明治 25元 sānmíngzhì

冰淇淋 30元 bīngqílín

牛奶 7.5元 niúnǎi

橙汁 9元 chéngzhī

蛋糕 20元 dàngāo

可乐 6元 kělè

汽水 6元 qìshuǐ

苹果派 10元 píngguǒpài

咖啡 11元 kāfēi

10

你要什么?

我要 ⬜ 。

还要别的吗?

还要 ⬜ , 多少钱?

一共 ⬜ 。

※ 부록 ✂ 위 메뉴와 돈으로 물건 사는 연습을 해 보세요.

  🎧 53

Duōshao qián?

Duōshao qián? Duōshao qián? Yí ge hànbǎobāo, yì bēi kělè.

Hànbǎobāo shíwǔ kuài, kělè liù kuài, yígòng èrshíyī kuài. (반복)

Duōshao qián? Duōshao qián? Liǎng ge hànbǎobāo, liǎng bēi kělè.

Hànbǎobāo sānshí kuài, kělè shí'èr kuài, yígòng sìshí'èr kuài. (반복)

얼마예요? 얼마예요? 햄버거 하나, 콜라 한 잔.
햄버거는 15원, 콜라는 6원, 모두 21원이에요.

얼마예요? 얼마예요? 햄버거 두 개, 콜라 두 잔.
햄버거는 30원, 콜라는 12원, 모두 42원이에요.

✱ '두 마리 호랑이' 노래에 음식과 금액을 바꾸어 불러 보세요.

文化 문화

중국의 화폐

현재 중국에서는 다음과 같은 화폐를 쓰고 있어요.

지폐 : 100元, 50元, 20元, 10元, 5元
지폐와 동전 : 1元, 5角, 2角, 1角
동전 : 5分, 2分, 1分

이전의 화폐의 도안은 56개의 민족 중에 중국 내 인구순으로 14개의 민족을 뽑아 모델로 삼았었는데, 인민폐가 새로 바뀌면서 100元부터 1元까지 지폐 앞면에는 모두 마오쩌둥의 조상이 들어가게 되었어요. 크기와 색깔은 다르지만 앞면의 그림은 모두 마오쩌둥의 모습이 있어요. 그리고 뒷면에는 중국의 여러 명승지의 모습이 그려져 있어요.

你喜欢什么?

美娜 Měinà	你喜欢什么? Nǐ xǐhuan shénme?
阿龙 Ālóng	我喜欢音乐。 Wǒ xǐhuan yīnyuè.
美娜 Měinà	你喜欢什么音乐? Nǐ xǐhuan shénme yīnyuè?
阿龙 Ālóng	我喜欢流行歌曲。 Wǒ xǐhuan liúxíng gēqǔ.

生词

喜欢 xǐhuan 좋아하다
音乐 yīnyuè 음악
流行歌曲 liúxíng gēqǔ 대중가요

  55

1 喜欢 xǐhuan

「喜欢」은 '좋아하다'라는 뜻의 동사입니다.

Ⓐ 你喜欢什么? 무엇을 좋아합니까?
Nǐ xǐhuan shénme?

Ⓑ 我喜欢音乐。 음악을 좋아합니다.
Wǒ xǐhuan yīnyuè.

鸟 niǎo

花儿 huār

动物 dòngwù

2 你喜欢什么颜色? Nǐ xǐhuan shénme yánsè?

'어떤 ~을 좋아합니까'는 의문대명사 「什么」 뒤에 구체적인 단어를 넣어 물어볼 수 있습니다.

Ⓐ 你喜欢什么 | 颜色? | 어떤 | 색 | 을 좋아합니까?
Nǐ xǐhuan shénme | yánsè? | | |
| 花儿? | | 꽃 |
| huār? | | |

Ⓑ 我喜欢 | 白色。 | | 흰색 | 을 좋아합니다.
Wǒ xǐhuan | báisè. | | |
| 百合。 | | 백합 |
| bǎihé. | | |

生词

鸟 niǎo 새　　　　　　　　　　动物 dòngwù 동물　　　　　　　　百合 bǎihé 백합
花儿 huār 꽃　　　　　　　　　颜色 yánsè 색깔

  56

1 색깔

蓝色
lánsè
파란색

红色
hóngsè
빨간색

白色
báisè
흰색

黑色
hēisè
검은색

粉红色
fěnhóngsè
분홍색

天蓝色
tiānlánsè
하늘색

豆绿色
dòulǜsè
연두색

灰色
huīsè
회색

黄色
huángsè
노란색

紫色
zǐsè
보라색

橘黄色
júhuángsè
주황색

绿色
lǜsè
녹색

2 你喜欢做什么？ Nǐ xǐhuan zuò shénme?

11

'무엇하는 것을 좋아하는지' 물을 때 동사 「做(zuò, 하다)」를 넣어서 물을 수 있습니다.

Ⓐ **你喜欢做什么？**
Nǐ xǐhuan zuò shénme?

무엇하기를 좋아합니까?

Ⓑ **我喜欢看电影。**
Wǒ xǐhuan kàn diànyǐng.

영화 보기를 좋아합니다.

听音乐 tīng yīnyuè

玩儿电脑 wánr diànnǎo

唱歌 chànggē

生词

看电影 kàn diànyǐng 영화를 보다　　玩电脑 wánr diànnǎo 컴퓨터를 하다
听音乐 tīng yīnyuè 음악을 듣다　　唱歌 chànggē 노래를 부르다

  57

1 잘 듣고 내용이 그림과 일치하면 ○표, 일치하지 않으면 X표 하세요.

❶

❷

❸

❹

生词

水果 shuǐguǒ 과일

说话 말하기

🌸 무엇을 좋아하고 싫어하는지 묻고 대답하는 연습을 하도록 합니다.

1 그림을 보고 아래와 같이 묻고 대답하세요.

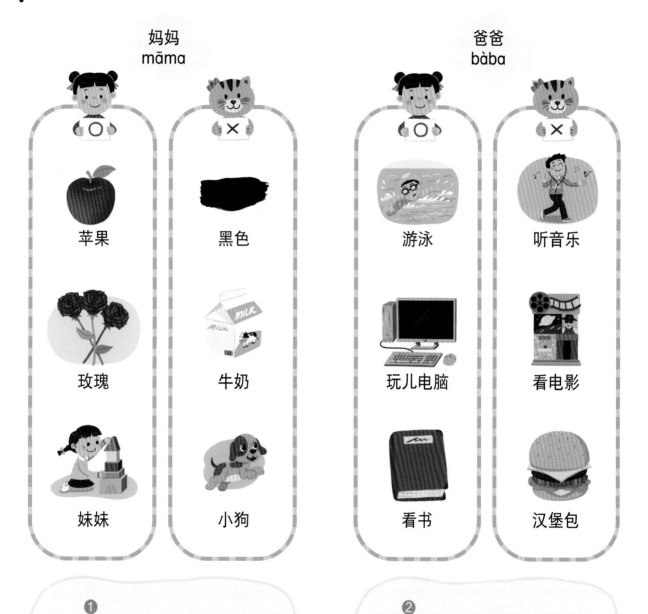

妈妈
māma

爸爸
bàba

苹果

黑色

游泳

听音乐

玫瑰

牛奶

玩儿电脑

看电影

妹妹

小狗

看书

汉堡包

❶

妈妈喜欢什么?

妈妈喜欢苹果。

妈妈不喜欢什么?

妈妈不喜欢牛奶。

❷

爸爸喜欢做什么?

爸爸喜欢看书。

爸爸不喜欢做什么?

爸爸不喜欢听音乐。

Xiǎo báitù

Xiǎo báitù, bái yòu bái,

liǎng zhī ěrduo shù qǐlái.

Ài chī luóbo, ài chī cài,

bèngbèng tiàotiào zhēn kě'ài.

하얀 토끼야, 정말 하얗구나,
두 귀가 쫑긋 서 있네.
무도 좋아하고, 야채도 잘 먹네.
깡총깡총 뛰는게 정말 귀엽구나.

✳ '산토끼' 노래에 맞추어 불러 보세요.

붉은색의 나라, 중국

▲ 복을 빌거나 좋은 것을 상징하는 물건,
장식품에도 역시 붉은색!

▲ 우리가 오성홍기(五星红旗)라고 부르는 중국의 국기
도 붉은색입니다.

◀ 큰 가게나 음식점 앞에 이렇게 크고 붉은 등을 달아
놓기도 합니다.

중국인은 붉은색을 좋아해요. 왜냐하면 붉은색은 나쁜 기운을 몰아내고, 행운을 가져다 준다고
믿기 때문이에요. 지금은 결혼할 때 흰색의 웨딩드레스를 많이 입지만 전통적으로 신부는 붉은
색 옷을 입었어요. 결혼식 청첩장 봉투도 붉은색이지요. 그리고 중국에서도 설날(春节 chūnjié
춘제)이 되면 세뱃돈을 주는데, 역시 붉은색 봉투에 넣어서 줘요.
이 밖에도 복을 기원하는 그림이나 글씨에도 붉은색을 많이 쓰는데, 붉은색은 중국에서 가장 많
이 접할 수 있는 색이랍니다.

你忙不忙?

阿龙 Ālóng	明天你忙不忙? Míngtiān nǐ máng bu máng?
美娜 Měinà	明天我不忙。 Míngtiān wǒ bù máng.
阿龙 Ālóng	太好了, 咱们一起去看电影吧。 Tài hǎo le, zánmen yìqǐ qù kàn diànyǐng ba.
美娜 Měinà	好的。 Hǎo de.

生词

忙 máng 바쁘다
太 tài 너무, 아주
咱们 zánmen 우리(말하는 상대방도 포함)
一起 yìqǐ 함께, 같이
车站 chēzhàn 정류장

1 你忙不忙? Nǐ máng bu máng?

「你忙不忙?」은 '너 바쁘니?'라는 뜻입니다. 「긍정(忙)+부정(不忙)」의 형식으로 의문문을 만듭니다.

你	来不来?	너	올거니?
Nǐ	lái bu lái?		
	累不累?		피곤하니?
	lèi bu lèi?		
	买不买?		살거니?
	mǎi bu mǎi?		

考试难不难?　　　　시험 어렵니?
Kǎoshì nán bu nán?

作业多不多?　　　　숙제 많니?
Zuòyè duō bu duō?

2 太好了。Tài hǎo le.

「太好了。」는 '매우 잘됐다.'의 뜻입니다. 「太+형용사+了」는 '매우 ~하다'는 뜻입니다.

太好了。　　　정말 잘됐다.
Tài hǎo le.

漂亮 piàoliang

多 duō

贵 guì

1 你有没有钱？ Nǐ yǒu méi yǒu qián?

'있다'와 '없다'를 연달아 사용하여 '있습니까'의 의문문을 만듭니다. 마찬가지로 '이다'와 '아니다'를 연달아 사용하면 '입니까?'가 됩니다.

| 你有没有
Nǐ yǒu méiyǒu | 手机?
shǒujī? | 너 | 휴대폰 | 있니? |
| | 自行车?
zìxíngchē? | | 자전거 | |

| 他是不是
Tā shì bu shì | 金老师?
Jīn lǎoshī? | 그 분이 | 김 선생님 | 이시니? |
| | 你哥哥?
nǐ gēge? | | 네 오빠(형) | |

2 咱们一起 ~ 吧。Zánmen yìqǐ ~ ba.

「咱们」은 말하는 사람과 듣는 사람을 포함하는 '우리'를 말합니다. '함께 ~하자'고 말할 때 「一起~吧」를 사용합니다.

| 咱们一起去
Zánmen yìqǐ qù | 商店
shāngdiàn | 吧。
ba. | 우리 같이 | 상점 | 에 가자. |
| | 图书馆
túshūguǎn | | | 도서관 | |

生词

累 lèi 피곤하다	难 nán 어렵다	漂亮 piàoliang 예쁘다	自行车 zìxíngchē 자전거
买 mǎi 사다	作业 zuòyè 숙제	贵 guì 비싸다	商店 shāngdiàn 상점
考试 kǎoshì 시험	多 duō 많다	手机 shǒujī 휴대폰	图书馆 túshūguǎn 도서관

1 잘 듣고 내용과 일치하는 것을 고르세요.

① 明天美娜忙不忙?

ⓐ

ⓑ

ⓒ

② 明天他们去哪儿?

ⓐ

ⓑ

ⓒ

③ 明天他们几点见面?

ⓐ

ⓑ

ⓒ

🍀 정반의문문의 쓰임을 이해하고 「咱们一起 ～ 吧。」문장을 연습하도록 합니다.

1 그림을 보고 예문처럼 묻고 대답해 보세요.

❶

阿龙: 美娜, 作业多不多?

美娜: 很多。/ 不多。

힌트 忙 饿(è:배고프다) 累 难 多 困(kùn:졸리다)

❷

美娜: 请问, 有没有本子?

商人: 有。你要吗?/ 没有。

힌트 本子 书 书包 铅笔 橡皮

12

2 빈칸에 알맞은 말을 넣어 말해 보세요.

咱们一起

□ □ 吧。

咱们一起
去公园吧！

Nán bu nán?

Ālóng~ Máng bu máng? Lèi bu lèi?

Wǒ hěn máng, tài lèi le.

Ālóng~ Nán bu nán? Duō bu duō?

Wǒ hěn nán, tài duō le.

아롱~ 바빠? 피곤해?

나 바빠, 너무 피곤해.

아롱~ 어려워? 많아?

나 어려워, 너무 많아.

Měinà~ Máng bu máng? Lèi bu lèi?

Wǒ bù máng, hěn qīngsōng.

Měinà~ Nán bu nán? Duō bu duō?

Wǒ bù nán, yě bù duō.

미나~ 바빠? 피곤해?

나 안 바빠, 가뿐해.

미나~ 어려워? 많아?

안 어려워, 많지 않아.

그림자극

중국에는 피잉시(皮影戏 píyǐngxì)라고 하는 전통 그림자 인형극이 있어요. 장예모 감독의 《인생(人生)》이라고 하는 영화의 첫 장면에 나오기도 했는데, 흰색의 스크린 뒤에서 종이처럼 얇은 인형에 빛을 통과시켜 그 그림자로 인형극 하는 것을 말해요. 그림자극은 민간에 전해져 오는 이야기나 신화, 역사 이야기를 담고 있어요. 지금은 TV나 영화에 밀려서 많이 없어졌지만, 아직도 전통을 이어가며 공연을 하는 곳이 있다고 해요.

그림자극에 쓰이는 인형은 당나귀나 소, 양가죽을 수 십 차례 두드려 얇게 만든 뒤 색을 칠하고 기름을 발라 건조시켜 만들어요. 얼굴, 목, 어깨, 다리 등을 각각 따로 만들어서 이었기 때문에 자유롭게 움직일 수 있고, 뒤에 나무대를 달아서 조정해요. 모양이 매우 정교하고, 색상이 화려해서 빛을 통과시키면 아름다운 모양과 색이 그대로 드러나요. 그림자를 이용해서 하기 때문에 연기처럼 사라졌다가 갑자기 나타나는 등 한 편의 애니메이션을 보는 듯한 느낌이 든다고 해요.

1 사다리를 따라가서 질문에 알맞는 답을 써 넣으세요.

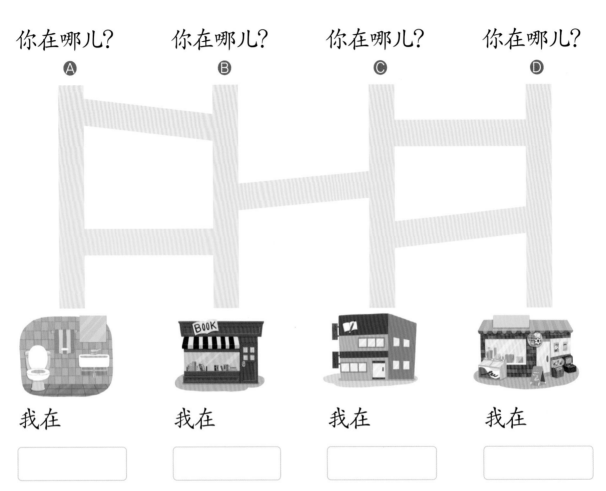

你在哪儿?　　Ⓐ

你在哪儿?　　Ⓑ

你在哪儿?　　Ⓒ

你在哪儿?　　Ⓓ

我在

我在

我在

我在

2 다음 시계를 보고, 시간을 중국어로 적으세요.

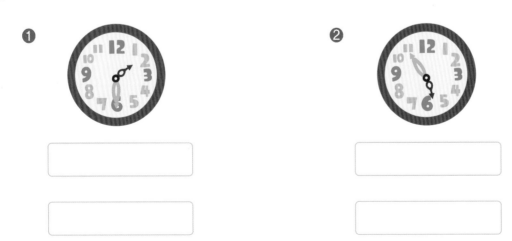

❶

❷

③

④

3 그림을 보고 빈칸에 알맞은 말을 써 넣으세요.

❶ 喂，您好！我是阿龙。爸爸在吗？

在，＿＿＿＿＿＿。

ⓐ 一会儿再打吧。

ⓑ 你打错了。

ⓒ 请稍等。

ⓓ 请留言。

❷ 喂，您好！我是阿龙。爸爸在吗？

他不在＿＿＿＿＿＿。

ⓐ 请等一下。

ⓑ 占线。

ⓒ 请留言。

ⓓ 你打错了。

4 다음 문장을 순서에 맞게 배열하세요.

ⓐ 我要两个三明治、一杯可乐。 ⓔ 你要什么?

ⓑ 这儿有没有巧克力? ⓕ 没有。

ⓒ 一共十五块。 ⓖ 还要别的吗?

ⓓ 一共多少钱?

□ → □ → □ → □ → □ → □ → □

5 문장을 읽고 질문에 답하세요.

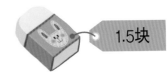

❶ 我要买一个本子、一个铅笔。 多少钱?

❷ 我要买三个橡皮，多少钱?

6 다음 문장을 예 처럼 바꾸어 보세요.

예 你来吗? → 你来不来?

❶ 考试难吗? →

❷ 你有手机吗? →

❸ 他是阿龙吗? →

❹ 作业多吗? →

7 아래 그림에서 좋아하는 색과 싫어하는 색을 각각 3개씩 골라 써 넣으세요.

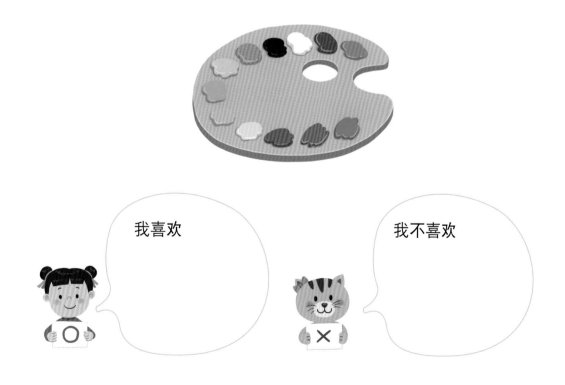

我喜欢

我不喜欢

1 你好! 안녕!

해석   p.18

미나	안녕!
아롱	안녕!
미나	네 이름은 뭐니?
아롱	나는 아롱이라고 해.

듣기 정답   p.22

1.

A: Nǐ hǎo!

B: Nín hǎo!

2.

① Dàjiā hǎo!

Wǒ jiào Měinà!

② Nǐmen hǎo!

Wǒ jiào Mínzhū!

③ Nǐ hǎo!

Wǒ jiào Zhéxiù!

2 你是韩国人吗? 너는 한국인이니?

해석   p.26

미나	너는 한국인이니?
아롱	난 한국인이 아니야.
미나	너는 어느 나라 사람이니?
아롱	나는 중국인이야.

듣기 정답   p.30

1.

① Hánguó, Hánguórén

② Zhōngguó, Zhōngguórén

2.

A: Nǐ hǎo!

B: Nǐ hǎo!

A: Nǐ shì lǎoshī ma?

B: Wǒ bú shì lǎoshī.

Wǒ shì xuéshēng.

A: Nǐ shì nǎ guó rén?

B: Wǒ shì Hánguórén.

말하기 정답   p.31

1.

① A: Tā shì nǎ guó rén?

B: Tā shì Yìndùrén.

② A: Tā shì Fǎguórén ma?

B: Tā bú shì Fǎguórén, shì Rìběnrén.

③ A: Tā shì nǎ guó rén?

B: Tā shì Měiguórén.

2.

A: Nǐ shì nǎ guó rén?

B: Wǒ shì Mòxīgērén.

3 你家有几口人? 네 가족은 몇 명이니?

해석   p.34

아롱	네 가족은 몇 명이니?
미나	우리집은 네 식구야.
	아버지, 어머니, 남동생 그리고 나.
아롱	여동생은 없어?
미나	없어.

듣기 정답   p.38

1.

① ○   ② ✕   ③ ○   ④ ○   ⑤ ✕

2.

① liù   ② sān   ③ sì   ④ jiǔ

말하기 정답   p.39

1.

A: Mínzhū jiā yǒu jǐ kǒu rén?

B: Tā jiā yǒu <u>wǔ kǒu rén</u>.

A: Tā yǒu mèimei ma?

B: Tā <u>méiyǒu mèimei</u>.

A: Tā yǒu xiǎogǒu ma?

B: Tā <u>méiyǒu xiǎogǒu, yǒu xiǎomāo</u>.

4 这是什么? 이건 뭐야?

해석   p.42

아롱   이건 뭐야?

미나   이건 김치야.

아롱   저건 누구 초콜릿이니?

미나   저건 내 초콜릿이야.

듣기 정답   p.46

1.

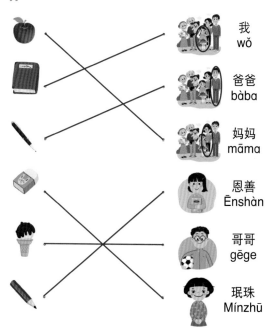

我 wǒ

爸爸 bàba

妈妈 māma

恩善 Ēnshàn

哥哥 gēge

珉珠 Mínzhū

5 你今年多大了? 너 올해 몇 살이니?

해석   p.50

아롱   너 올해 몇 살이니?

미나   난 올해 13살이야, 너는?

아롱   나도 13살이야.

미나   그럼 우린 동갑이구나.

듣기 정답   p.54

1.

①9   ②28   ③67

2.

①我爷爷今年<u>七十四</u>岁了。

②我妈妈今年<u>四十</u>岁了。

③我弟弟今年<u>九</u>岁了。

말하기 정답   p.55

①你今年几岁了?

②您多大年纪了?

③你今年多大了?

6 今天几月几号? 오늘은 몇 월 며칠이니?

해석   p.58

아롱   오늘은 몇 월 며칠이니?

미니   오늘은 1월 6일이야.

아롱   무슨 요일이지?

미나   금요일이야.

듣기 정답   p.62

① ⓓ5月29号   ② ⓒ5月16号

③ ⓐ5月5号   ④ ⓐ星期一

⑤ ⓓ星期天

말하기 정답   p.63

1.

① 今天四月三号。星期二。

② 明天不是星期二, 是星期三。

③ 后天星期四。

2.

我的生日<u>四月二十号</u>。

爸爸的生日<u>二月十八号</u>。

妈妈的生日<u>九月十五号</u>。

哥哥的生日<u>七月六号</u>。

妹妹的生日<u>十月三十号</u>。

7 你去哪儿? 너 어디 가?

해석   p.70

아롱	너 어디 가?
미나	나 민주 집에 가.
아롱	지금 민주 집에 있어?
미나	집에 있어.

듣기 정답   p.74

1.

① 老师在教室。

② 弟弟去网吧。

2.

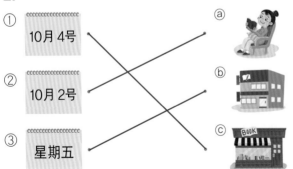

말하기 정답   p.75

①

A: 我去邮局, 你去哪儿?

B: 我也去邮局。

②

A: 现在她在学校吗?

B: 她不在学校。

A: 她在哪儿?

B: 她在书店。

8 现在几点? 지금 몇 시니?

해석   p.78

아롱	지금 몇 시니?
미나	지금 8시 45분이야.
아롱	어, 9시 15분전이네?
미나	지각이다, 우리 빨리 가자!

듣기 정답   p.82

1.

①

②

2.

① ② ③

말하기 정답	p.83

1.

① 七点五十分

② 八点五分

③ 四点十分

9 喂，您好！ 여보세요, 안녕하세요!

해석	p.86

미나　여보세요, 안녕하세요. 저 미나인데요,
　　　아롱이 있나요?

아롱엄마　아롱이 없는데.

미나　그럼 제가 조금 이따가 다시 걸겠습니다,
　　　안녕히 계세요.

아롱엄마　안녕.

듣기 정답	p.90

① 阿龙: 喂, 美娜<u>在</u>吗?

　美娜: <u>我就是</u>。

② 阿龙: 喂, 美娜<u>在</u>吗?

　珉珠妈妈: 这不是美娜家, 你<u>打错了</u>。

　阿龙: 对不起。

③ 职员: 喂, 你好!

　哲秀: 请问, 中国书店电话号码是多少?

　职员: 中国书店电话号码是<u>132-7489</u>。

말하기 정답	p.91

1.

① 喂, 我是阿龙。爸爸在吗?

在, 请稍等。

② 喂, 我是阿龙。爸爸在吗?

他不在。

那我一会儿再打, 再见!

再见!

③ 喂, 我是阿龙。爸爸在吗?

他不在, 请留言。

10 多少钱? 얼마예요?

해석	p.94

종업원　뭘 드시겠어요?

미나　햄버거 한 개하고, 콜라 한 잔 주세요.

　　　얼마예요?

종업원　모두 13콰이 5마오입니다.

　　　더 필요한 것 있으세요?

미나　아뇨.

듣기 정답	p.98

① 42块

② 5块

③ 21.5块(또는 21块5毛)

2.

① 三<u>杯</u>可乐　② 四<u>个</u>汉堡包

③ 两<u>个</u>人　④ 一<u>本</u>书

말하기 정답	p.99

A: 你要什么?

B: 我要<u>两个汉堡包, 两杯汽水</u>。

부록

A: 还要别的吗？

B: 还要<u>一个苹果派</u>，多少钱？

A: 一共<u>四十六块</u>。

11 你喜欢什么? 너는 무엇을 좋아하니?

해석 p.102

미나　너는 무엇을 좋아하니?

아롱　나는 음악을 좋아해.

미나　어떤 음악을 좋아하니?

아롱　나는 대중가요를 좋아해.

듣기 정답 p.106

①

②

③

④

말하기 정답 p.107

①

妈妈喜欢什么？

<u>妈妈喜欢玫瑰。</u>

妈妈不喜欢什么？

<u>妈妈不喜欢小狗。</u>

②

爸爸喜欢做什么？

<u>爸爸喜欢游泳。</u>

爸爸不喜欢做什么？

<u>爸爸不喜欢吃汉堡包。</u>

12 你忙不忙? 너 바쁘니?

해석 p.110

아롱　내일 너 바쁘니?

미나　내일 안 바빠.

아롱　잘됐다, 우리 같이 영화 보러 가자.

미나　좋아.

듣기 정답 p.114

① ⓑ

② ⓒ

③ ⓐ

말하기 정답 p.115

1.

① 阿龙: 美娜, 你累不累？

　美娜: 很累。/ 不累。

② 美娜: 请问, 有没有书包？

　商人: 有。你要吗？/ 没有。

듣기 스크립트

1과 안녕! — P22

1.
A: Nǐ hǎo!
B: Nín hǎo!

2.
①
Dàjiā hǎo!
Wǒ jiào Měinà!
②
Nǐmen hǎo!
Wǒ jiào Mínzhū!
③
Nǐ hǎo!
Wǒ jiào Zhéxiù!

2과 너는 한국인이니? — P30

1.
① Hánguó, Hánguórén
② Zhōngguó, Zhōngguórén

2.
A: Nǐ hǎo!
B: Nǐ hǎo!
A: Nǐ shì lǎoshī ma?
B: Wǒ bú shì lǎoshī.
　Wǒ shì xuéshēng.
A: Nǐ shì nǎ guó rén?
B: Wǒ shì Hánguórén.

3과 네 가족은 몇 명이니? — P38

1.
① Wǒ jiā yǒu liù kǒu rén.
② Wǒ jiā yǒu bàba、māma、mèimei hé wǒ.
③ Wǒ jiā yǒu xiǎogǒu.
④ Wǒ yǒu mèimei.
⑤ Wǒ méiyǒu yéye hé nǎinai.

2.
① liù
② sān
③ sì
④ jiǔ

4과 이건 뭐야? — P46

①
A: 这是什么？
B：这是苹果。
A: 这是谁的苹果？
B：这是妈妈的苹果。

②
A: 那是什么？
B: 那是书。
A: 那是谁的书？
B: 那是我的书。

③
A: 这是爸爸的圆珠笔吗？
B: 这是爸爸的圆珠笔。

④
A: 这是什么？
B: 这是橡皮。
A: 这是谁的橡皮？

듣기 스크립트 **127**

B: 这是珉珠的橡皮。

⑤

A: 那是哥哥的冰淇淋吗？

B: 那是哥哥的冰淇淋。

⑥

A: 那是什么？

B: 那是铅笔。

A: 那是谁的铅笔？

B: 那是恩善的铅笔。

5과 너 올해 몇 살이니? p54

1.

① 九

② 二十八

③ 六十七

2.

①

A: 你爷爷今年多大年纪了？

B: 我爷爷今年七十四岁了。

②

A: 你妈妈今年多大年纪了？

B: 我妈妈今年四十岁了。

③

A: 你弟弟今年几岁了？

B: 我弟弟今年九岁了。

6과 오늘은 몇 월 며칠이니? p62

1.

① 今天几月几号？

② 你的生日几月几号？

③ 妈妈的生日几月几号？

④ 昨天星期几？

⑤ 5月13号是星期几？

7과 너 어디 가? p74

1.

① 老师在哪儿？

② 弟弟去哪儿？

2.

①

A: 10月4号她去哪儿？

B: 10月4号她去书店。

②

A: 10月2号她在哪儿？

B: 10月2号她在家。

③

A: 星期五她去哪儿？

B: 星期五她去补习班。

8과 지금 몇 시니? p82

1.

① 三点四十五分

② 六点半，九点半

2.

① 十点一刻

② 四点二十五分

③ 差一刻十点

9과 여보세요, 안녕하세요! p90

1.

①

阿龙: 喂, 美娜在吗?

美娜: 我就是。

②

阿龙: 喂, 美娜在吗?

珉珠妈妈: 这不是美娜家, 你打错了。

阿龙: 对不起。

③

职员: 喂, 你好!

哲秀: 请问, 中国书店电话号码是多少?

职员: 中国书店电话号码是幺三二-七四八九。

10과 얼마예요? p98

1.

①

A: 你要什么?

B: 我要这个蛋糕。多少钱?

A: 四十二块。

②

A: 我要两个冰淇淋。多少钱?

B: 一个两块五。

③

A: 你要买什么?

B: 我要买一个三明治。

A: 还要别的吗?

B: 还要一杯可乐。多少钱?

A: 一共二十一块五。

2.

① 三杯可乐

② 四个汉堡包

③ 两个人

④ 一本书

11과 너는 무엇을 좋아하니? p106

1.

①

A: 美娜, 你喜欢什么水果?

B: 我喜欢香蕉。

②

A: 美娜, 你喜欢红色吗?

B: 我喜欢红色。

③

A: 哲秀, 你喜欢做什么?

B: 我喜欢听音乐。

④

A: 你喜欢什么音乐?

B: 我喜欢流行歌曲。

12과 너 바쁘니? p114

阿龙: 喂, 我是阿龙。美娜在吗?

美娜: 我就是。你好!

阿龙: 美娜, 明天你忙不忙?

美娜: 明天我不忙。

阿龙: 太好了, 咱们一起去网吧吧。

美娜: 我们几点见面?

阿龙: 下午三点见面。

美娜: 好的。明天见!

종합문제 1~6과 정답 ························· p66-69

1.

① [image] diànshì

② [image] xiǎogǒu

③ [image] Měiguórén

④ [image] qiānbǐ

2.

① [image]　② [image]　③ [image]

橡皮 （钥匙）　　笔 （书）　　（香蕉） 苹果

3. ④ Lǎoshī hǎo!

4.

①

Wǒ xìng Lǐ, míngzi jiào <u>Zhōngshí</u>.

Wǒ shì <u>xuéshēng</u>.

②

Wǒ jiào <u>Piáo Měiyìng</u>.

Wǒ bú shì Rìběnrén, wǒ shì <u>Hánguórén</u>.

③

A: 我明年十六岁, 你呢？

B : 我<u>也</u>十六岁, 我们是<u>同岁</u>。

④

我家有<u>六</u>口人。

我<u>有</u>妹妹。

我<u>没有</u>弟弟。

5.

① 妹妹有橡皮。

② 哥哥没有冰淇淋。

③ 这是哥哥的电脑。

④ 那是哥哥的草莓。

6.

① 星期天

② 星期四

③ 昨天

④ 后天

7.

Wǒ lái jièshào Měinà. Tā jiào <u>Měinà</u>.

Tā shì wǒ de péngyou.

Tā jīnnián <u>shísān</u> suì. Tā jiā yǒu <u>sì kǒu rén</u>.

Bàba, <u>māma</u>, <u>dìdi</u> hé Měinà.

Tā de shēngrì shì <u>sān yuè wǔ hào</u>.

Tā shì <u>Hánguórén</u>.

1.

Ⓐ   Ⓑ   Ⓒ   Ⓓ

我在   我在   我在   我在

| 洗手间 | 书店 | 补习班 | 文具店 |

2.

①
一点三十分
一点半

②
五点五十五分
差五分六点

③
两点十五分
两点一刻

④
七点四十五分
差一刻八点

3.

① Ⓒ 请稍等。

② Ⓒ 请留言。

4.

ⓔ-ⓐ-ⓖ-ⓑ-ⓕ-ⓓ-ⓒ

5.

① 六块

② 四块五(毛)

6.

① 考试难不难？

② 你有没有手机？

③ 他是不是阿龙？

④ 作业多不多？

7.

생략

부록

부록

Y

Z

부록

12과로 된 new 쑥쑥 주니어 중국어1 메인북

개정2판중쇄 2024년 4월 25일

저자	한국외국어대학교 통역번역대학원 팀
	(박수제 박미경 조일신 서희승 전문정 홍혜율 김연수)
발행인	이기선
발행처	제이플러스
편집	윤현정
디자인	이지숙
삽화	전진희
등록번호	제10-1680호
등록일자	1998년 12월 9일
주소	경기도 고양시 덕양구 향동로 217 KA1312
전화	영업부 02-332-8320 편집부 02-3142-2520
팩스	02-332-8321
홈페이지	www.jplus114.com
ISBN	979-11-5601-186-6

만들기

2과 -명찰

빈 곳에 나라 이름을 쓰고, 잘 보이는 곳에 답니다. 어느 나라 사람인지 친구와 묻고 답해 보세요.

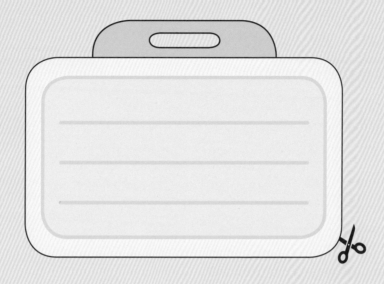

3과 -가족

아래의 손가락 인형을 점선대로 오리고, 빈칸에 누구인지 쓰세요. 풀칠을 한 뒤 손가락에 끼우고 가족을 소개해 보세요.

오리는 선

8과 - 시계

시계와 시침, 분침을 오려서 시간을 바꾸어가며 몇 시인지 묻고 대답해 보세요.

10과 -메뉴

메뉴를 오리고 먹고 싶은 메뉴를 골라 손님과 종업원이 되어 물건 사는 연습을 해 보세요. (다음 페이지의 돈을 오려서 연습하세요.)

12元	6元	50元
25元	20元	10元
30元	11元	7.5元
6元	6元	9元

比萨饼 bǐsàbǐng	薯条 shǔtiáo	汉堡包 hànbǎobāo
苹果派 píngguǒpài	蛋糕 dàngāo	三明治 sānmíngzhì
牛奶 niúnǎi	咖啡 kāfēi	冰淇淋 bīngqílín
橙汁 chéngzhī	可乐 kělè	汽水 qìshuǐ

10과 -중국 돈

아래의 돈을 오려서 친구와 함께 메뉴판의 메뉴를 사고 계산하는 연습을 해 보세요. (앞 장의 메뉴로 연습하세요.)

印度

俄罗斯

德国

加拿大

意大利

法国

巴西

墨西哥

Éluósī

🏴 러시아

Yìndù

🇮🇳 인도

Jiānádà

🇨🇦 캐나다

Déguó

🏴 독일

Fǎguó

🇫🇷 프랑스

Yìdàlì

🇮🇹 이탈리아

Mòxīgē

🇲🇽 멕시코

Bāxī

🇧🇷 브라질

③ 가족

爷爷

③ 가족

奶奶

③ 가족

爸爸

③ 가족

妈妈

③ 가족

哥哥

③ 가족

姐姐

③ 가족

弟弟

③ 가족

妹妹

năinai

 할머니

yéye

 할아버지

māma

엄마

bàba

아빠

jiějie

누나/언니

gēge

 형/오빠

mèimei

여동생

dìdi

 남동생

④ 물건

书

④ 물건

本子

④ 물건

铅笔

④ 물건

橡皮

④ 물건

钥匙

④ 물건

圆珠笔

⑤ 날짜

前年

⑤ 날짜

去年

běnzi

 공책

shū

 책

xiàngpí

지우개

qiānbǐ

 연필

yuánzhūbǐ

 볼펜

yàoshi

 열쇠

qùnián

작년

qiánnián

재작년

⑤ 날짜

今年

⑤ 날짜

明年

⑤ 날짜

后年

⑥ 날짜

前天

⑥ 날짜

昨天

⑥ 날짜

今天

⑥ 날짜

明天

⑥ 날짜

后天

míngnián	jīnnián
내년	올해

qiántiān	hòunián
그저께	내후년

jīntiān	zuótiān
오늘	어제

hòutiān	míngtiān
모레	내일

⑦ 장소

学校

⑦ 장소

书店

⑦ 장소

银行

⑦ 장소

邮局

⑦ 장소

网吧

⑦ 장소

补习班

⑦ 장소

文具店

⑦ 장소

超市

shūdiàn

 서점

xuéxiào

 학교

yóujú

 우체국

yínháng

 은행

bǔxíbān

 학원

wǎngbā

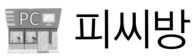 피씨방

chāoshì

 슈퍼마켓

wénjùdiàn

 문구점

汉堡包

薯条

比萨饼

三明治

苹果派

蛋糕

冰淇淋

可乐

shŭtiáo

 감자튀김

hànbǎobāo

햄버거

sānmíngzhì

 샌드위치

bǐsàbǐng

 피자

dàngāo

케이크

píngguǒpài

 애플파이

kělè

 콜라

bīngqílín

아이스크림

汽水 橙汁

牛奶 咖啡

蓝色 红色

白色 黑色

chéngzhī

 오렌지주스

qìshuǐ

 사이다

kāfēi

 커피

niúnǎi

 우유

hóngsè

 빨간색

lánsè

 파란색

hēisè

 검은색

báisè

 흰색

粉红色 天蓝色

豆绿色 灰色

黄色 紫色

橘黄色 绿色

tiānlánsè

 하늘색

fěnhóngsè

 분홍색

huīsè

 회색

dòulǜsè

 연두색

zǐsè

보라색

huángsè

노란색

lǜsè

 녹색

júhuángsè

 주황색